物流系统仿真与应用(微课版)

黄 颖 主 编

何金聪 蒋俊杰 副主编

清华大学出版社

北京

内容简介

本书面向物流行业智慧化发展的需求，全面系统地介绍了仿真技术在系统分析与设计中的应用。全书共分为十三章，包括三大部分，第一章至第三章介绍了系统仿真的概念、仿真工具的应用以及仿真入门案例；第四章至第八章从物流系统仿真的关键环节应用展开，介绍了 MTO/MTS 系统仿真、物流输送系统仿真、物流路径优化、仿真数据可视化、仿真模型实验等常见场景；第九章至第十三章为提高部分，介绍了仿真的脚本代码、工艺流程、PLC 通信、密集库仿真、线边物流系统仿真等。本书以实际问题为驱动，针对真实物流场景展开，图文并茂，并配有相应的教学素材可供读者自行学习参考。

本书可作为本科院校、高职院校物流管理、物流工程、供应链管理、工业工程等相关专业学生的教学用书，也可作为从事物流仿真工作及希望通过仿真了解物流管理知识的专业人士的自学参考用书。

本书封面贴有清华大学出版社防伪标签，无标签者不得销售。
版权所有，侵权必究。举报：010-62782989，beiqinquan@tup.tsinghua.edu.cn。

图书在版编目(CIP)数据

物流系统仿真与应用：微课版/黄颖主编. —北京：清华大学出版社，2021.11（2025.2重印）
ISBN 978-7-302-57629-7

Ⅰ.①物… Ⅱ.①黄… Ⅲ.①物流—系统伪真—高等学校—教材 Ⅳ.①F253.9

中国版本图书馆 CIP 数据核字(2021)第 037422 号

责任编辑：梁媛媛
封面设计：李　坤
责任校对：周剑云
责任印制：曹婉颖

出版发行：清华大学出版社
　　　网　　址：https://www.tup.com.cn, https://www.wqxuetang.com
　　　地　　址：北京清华大学学研大厦 A 座　　邮　编：100084
　　　社 总 机：010-83470000　　邮　购：010-62786544
　　　投稿与读者服务：010-62776969, c-service@tup.tsinghua.edu.cn
　　　质量反馈：010-62772015, zhiliang@tup.tsinghua.edu.cn
　　　课件下载：https://www.tup.com.cn, 010-62791865
印 装 者：北京鑫海金澳胶印有限公司
经　　销：全国新华书店
开　　本：185mm×260mm　　印　张：16　　字　数：387 千字
版　　次：2021 年 11 月第 1 版　　印　次：2025 年 2 月第 6 次印刷
定　　价：49.00 元

产品编号：089082-01

前 言

物流管理领域正以前所未有的速度向前发展,市场对于人才的渴求正在井喷。目前已经有大量的高校开设了物流管理、物流工程以及供应链管理专业,但是无论人才的数量还是质量均未能充分满足社会和企业的需要。

对于从事物流教育的工作者而言,如何培养满足未来发展需求的物流人才,用更新的知识与技能满足社会的需求,培养高水平人才,是当前亟待解决的重点问题。感谢清华大学出版社给了编者一个机会,能够出版一套好用、实用的物流技术应用类教材,这既是对物流领域快速发展的一种回应,也是为提高物流教育领域发展水平尽了绵薄之力。

物流仿真领域是物流的一个全新的方向,对提升物流的技术含量和管理水平都有着重大的意义。在全社会都在积极拥抱"互联网+"的时候,物流领域也不例外。本书通过将实体运行进行抽象化、概念化,找到其中内在规律,并且充分融合计算机技术以及三维视觉技术,为学生提供了一种全新的认识物流的视角。

我们在多年的物流管理教学过程中,发现其中一个重点,也是难点,就是学生缺少对实际工作环境的了解,不清楚物流运行的内在价值,更多的是从业务操作的层面理解物流。因此,对仓库的操作、运输的计划和调度这些传统储运方面认知较多,但是,缺少从系统的高度看待物流问题,有管中窥豹之感。即便学生能够有机会到企业进行认识实习和生产实习,也难以在较短的时间内进入更深的层次。所谓外行看热闹,内行看门道,学生在参观物流企业的过程中,看到了众多的先进物流设施与设备,除了赞叹人类技术的高超之外,很难有更深一层的后续了解。

为了解决这一问题,我们作为教育工作者也在不断探寻解决方案。课堂的讲解与企业的参观学习需要有效协同,让理性和感性的认知能够有效融合。建立实习实训中心是一种解决方案,但是存在投入成本高、维护代价大、更新速度慢等不足,且此类小型模拟性质的物流中心,仅能使学生达到"看到"的目的,而无法像设计者一样了解物流系统的整体架构和运营模式。

从仿真的观点来看,好的教学方法不应仅仅把现实进行高度抽象和简化,而应该通过接近于真实的数字孪生技术的应用,理解系统的建构、内在逻辑关系、各个组成部分参数等,从而深入系统内核,之后才能够通过对现实问题的提升,进一步强化学生对抽象理论的深入理解。

仿真方法为教学提供了行之有效的工具,在仿真模型中,每一个实体都是由一系列参数和逻辑构成的,学生可以自己动手修改设备的参数以及运行逻辑,充分发挥其学习的主动性。通过尝试修改模型中不同对象参数,既可以让系统更加接近于现实,也能够让学生体验到在不同参数条件下,系统运行的差异性,之后通过比较不同条件下系统的绩效指标,让学生看到系统优化所产生的实实在在的效果。

学生动手学习还可以提升整体性思维能力，更好地理解什么叫作均衡损益，如何去发现和优化系统的瓶颈。同时通过编写少量的代码，也能够进一步提高学生的逻辑思维能力。作为今后的物流管理者和决策者，较强的逻辑思维是必要的能力之一。此外，利用仿真技术，能够更好地展现系统的运行状态，对于诞生于数字化年代的学生来说，更能够适应这样的教学方法与形式。

　　目前，已有越来越多的企业意识到仿真技术能够对业绩提升和成本优化起到直接的作用，不少大企业开始将仿真技术纳入战略规划，作为项目评估的重要环节。

　　在中国"制造 2025"的战略计划中，实现制造业智能化的一个重要环节是物流的智能化。在今后一段时间内，通过教学工作者与业界的不断合作，培养具有先进设计与优化能力的物流人才将得到市场更多的认可，逐步满足社会、企业对高校的期待，使高校真正成为高端人才的培养摇篮。

　　本书在编排体例上，既考虑了结构上的系统性，也考虑到学生的实际接受能力，从一个阅读者的视角看待问题。

　　首先，通过对仿真技术以及物流系统的介绍，帮助学生建立仿真的整体概念。其次，通过较为简单的案例，使学生在动手操作的过程中掌握仿真的基本方法。再次，逐渐深入仿真的细节问题，介绍利用综合的仿真模型解决具有一定复杂度的现实问题。最后，通过一系列综合案例，培养学生能够独立建立一个具有实际功能的物流系统模型，并能够完成物流系统分析、物流系统设计、物流系统优化的全过程，为今后从事物流工作奠定坚实的技术基础。

　　在长期的教学实践中，发现学生对于仿真的概念并不清楚，特别是刚刚开始使用仿真工具时，仅能跟着教材或者软件中所提供的示例模型做出一个"Hello World"。可以亦步亦趋地完成相应的模型，但是对模型为什么这样缺少足够的理解。特别是对于对象中有大量属性、参数可调整的情况，往往不知所措，不知道这些对象究竟应该如何调整。

　　一般来说，大学仿真的课程开设了 32 学时或者 48 学时，通过这些学时想要全面掌握仿真工具的应用是远远不足的，特别是对于大量非计算机专业的学生来说，既有迫切希望掌握仿真工具的要求，又缺少足够的计算机基础知识。因此，为非计算机专业的学生编写一本实用好用，既能够使学生知其然，又能使学生知其所以然的教材势在必行。

　　此外，学生掌握仿真工具的目的是能够用工具解决实际问题。因此，本书在编写过程中，也重视了不同工具以及不同方法的实际应用，以增强利用工具解决实际问题的能力，对提升学生的学习兴趣和积极性具有重要价值。

　　在本书的编写过程中，利用 FlexSim 2020 作为讲解对象，适当考虑了传统版本软件的需求，多数问题能够在 FlexSim 试用版本中完成相关的实验性操作。考虑到软件应用的通用性，以英文版为基础，对相关术语进行了对应解释。

　　本书由中国物流与采购联合会黄颖任主编，华晓精密工业(苏州)有限公司何金聪、意欧斯智能科技(上海)有限公司蒋俊杰任副主编。具体分工为：第一章至第八章由黄颖编写，第九章、第十章、第十三章由何金聪编写，第十一章、第十二章由蒋俊杰编写，黄颖负责全书统稿。

　　由于技术的发展日新月异，而教材的出版周期相对较长，因此，在委托清华大学出版社出版纸质版的基础上，为了满足读者以及各高校教学的需求，开设有线上课程可供学习。

本书编写团队尽最大可能确保内容的可靠性，加之清华大学出版社科学严谨的出版流程，确保了本书的质量。但是由于作者水平的局限性以及行业发展速度日新月异，书中难免有疏漏和不当之处，敬请广大读者批评指正。

编　者

目录

第一章 物流系统与系统仿真 ... 1
第一节 物流系统概述 ... 1
一、系统的整体性 ... 2
二、系统的层次性 ... 2
三、系统的开放性 ... 2
四、系统的目的性 ... 3
第二节 物流子系统的构成 ... 3
一、运输子系统 ... 3
二、仓储子系统 ... 3
三、配送子系统 ... 3
四、流通加工子系统 ... 4
五、装卸搬运子系统 ... 4
六、包装子系统 ... 4
七、物流信息子系统 ... 4
第三节 物流系统的目标 ... 5
一、服务目标 ... 5
二、速度目标 ... 5
三、空间节约目标 ... 5
四、适当规模目标 ... 6
五、库存控制目标 ... 6
第四节 物流仿真技术概述 ... 6
一、仿真的历史 ... 6
二、仿真的范围 ... 7
三、物流仿真的应用现状 ... 8
四、仿真系统的分类 ... 9
五、物流系统仿真的价值 ... 10
第五节 物流仿真技术的应用 ... 11
一、在企业中的应用 ... 11
二、在教学中的应用 ... 12
总结与思考 ... 13

第二章 仿真工具介绍与基本概念 ... 14
第一节 FlexSim 系统的安装与第一个模型 ... 14
一、FlexSim 软件的获取与安装 ... 14
二、软件的打开与使用 ... 16
三、建立第一个仿真模型 ... 19
第二节 FlexSim 仿真的基本概念 ... 22
一、实体类型 ... 22
二、仿真建模的最佳实践 ... 31
总结与思考 ... 34

第三章 物流系统仿真入门案例 ... 35
第一节 模型描述与需求 ... 35
一、模型系统布局 ... 35
二、模型要求 ... 36
第二节 模型建模 ... 36
一、关键参数提取 ... 36
二、供应商建模步骤 ... 37
三、配送中心建模步骤 ... 39
四、分拣出货区建模步骤 ... 41
总结与思考 ... 43

第四章 MTS 与 MTO 的仿真实现 ... 44
第一节 MTS 与 MTO 的概念 ... 44
第二节 MTS 模型建模 ... 45
一、案例描述 ... 45
二、建模流程 ... 45
三、Dashboard 仪表板设置 ... 53
第三节 MTO 模型建模 ... 56
一、案例描述 ... 56
二、建模流程 ... 57
三、Dashboard 仪表板 ... 60
总结与思考 ... 62

第五章 物流输送系统建模与仿真 ... 63
第一节 输送线系统介绍 ... 63
一、自动化输送线的认识 ... 63
二、输送模块功能简介 ... 63

第二节　快递中转场仿真建模 67
　　　　一、场景信息 67
　　　　二、分步建模流程 67
　　　　三、思考与提升 73
　　第三节　机场输送线仿真 73
　　　　一、案例背景 73
　　　　二、建模步骤 74
　　　　三、仿真结果分析 78
　　总结与思考 79

第六章　物流仿真中的路径优化方案 80
　　第一节　网络路径与交通控制 80
　　　　一、网络节点与路径概念 80
　　　　二、网络路径设计 81
　　第二节　A-Star 算法的应用 84
　　　　一、A-Star 算法的基本原理 84
　　　　二、应用实例 85
　　总结与思考 88

第七章　物流仿真数据可视化与模型展示 89
　　第一节　仿真数据的基本概念 89
　　　　一、收集数据的类型 89
　　　　二、仿真数据的收集方法 90
　　第二节　仿真数据获取与可视化应用实例 92
　　　　一、场景说明 92
　　　　二、仿真建模 93
　　　　三、数据采集与分析 96
　　第三节　仿真模型的控制与展示 101
　　　　一、飞行路径的创建 101
　　　　二、创建并导出模型视频 102
　　　　三、仿真服务器的使用 102
　　总结与思考 105

第八章　仿真模型实验与优化 106
　　第一节　需求描述 106
　　　　一、场景描述 106
　　　　二、使用实验器进行仿真实验 107
　　　　三、使用优化器寻找最优方案 110

　　第二节　在仓库选址问题中的应用 112
　　　　一、仓库位置选址 112
　　　　二、案例情景 112
　　第三节　采样数据拟合 115
　　　　一、ExpertFit 简介 116
　　　　二、数据拟合应用 117
　　总结与思考 121

第九章　脚本语言与树结构 122
　　第一节　FlexScript 122
　　　　一、FlexScript 的一般规则 122
　　　　二、FlexScript 的语法 123
　　　　三、数学运算 125
　　　　四、命令的执行 127
　　　　五、点语法 127
　　　　六、代码流程结构 128
　　　　七、基本建模函数 130
　　第二节　树结构 137
　　　　一、FlexSim 树结构 137
　　　　二、树节点 138
　　　　三、树节点常用函数 138
　　　　四、实体常用函数 139
　　第三节　托盘码垛与装箱策略 142
　　　　一、模型描述与需求 142
　　　　二、模型建模 143
　　总结与思考 149

第十章　标签及工艺流程应用详解 150
　　第一节　标签的关键概念 150
　　　　一、标签的定义 150
　　　　二、标签的用途 151
　　　　三、标签的运作方式 155
　　第二节　在仿真中使用标签 156
　　　　一、创建标签 156
　　　　二、设置标签值 157
　　第三节　工艺流程概述 157
　　　　一、仿真模型逻辑 157
　　　　二、工艺流程工具 158
　　　　三、PF 工具控制模型逻辑的优势 158
　　　　四、使用 PF 的最佳实践 159

第四节　PF 的功能模块 159
　一、PF 的主要元素 159
　二、令牌的创建 160
　三、PF 的基本活动 163
　四、任务和任务序列 164
　五、共享资源 168
　六、列表 List 170
　七、协同流程 177
总结与思考 181

第十一章　利用仿真器实现 PLC 通信与控制 182

第一节　设计 PLC 逻辑 182
　一、仿真器支持的连接类型介绍 182
　二、仿真器在传送带 PLC 应用案例 185
第二节　仿真器与外部模拟器数据通信应用 188
　一、Emulator 属性介绍 188
　二、仿真模型 190
总结与思考 193

第十二章　子母穿梭车密集库仿真与应用 194

第一节　密集仓储系统 194
　一、密集仓储系统分类 194
　二、子母穿梭车密集库 196
第二节　自动化密集库系统仿真 196
　一、模型概述 197

　二、建立模型布局 198
　三、生成原始库位表 198
　四、生成库位令牌 200
　五、任务分配 201
　六、任务执行 203
　七、运行调试 206
总结与思考 207

第十三章　线边物流系统 208

第一节　线边物流概念 208
　一、基本概念 208
　二、案例描述 208
第二节　线边物流建模(一对一方案) 209
　一、模型逻辑 209
　二、模型布局 210
　三、建模前的准备工作 216
　四、建立模型逻辑 218
第三节　使用 ProcessFlow 建立线边物流模型 223
　一、模型布局 224
　二、建模前的准备工作 224
　三、建立模型逻辑 225
第四节　线边物流建模(一对多方案) 232
　一、模型布局 232
　二、建模前的准备工作 232
　三、建立模型逻辑 233
总结与思考 244

参考文献 245

第一章 物流系统与系统仿真

本章详细描述物流系统及其子系统的组成特点,结合仿真技术对物流系统中的重难点问题进行分析解构,体现出仿真技术的价值,对仿真技术在企业及教学中的应用场景进行描述,增强了仿真技术应用的现实意义。

虚拟仿真面对的环境是复杂多变的,如何精准定位仿真关键点,建立更加贴合实际的仿真模型,抽象目标函数,提高仿真结果准确率是仿真技术应用的立足之本。

第一节 物流系统概述

在现实世界中,我们可以发现很多相互关联事物之间的联系。在相互作用、相互影响的条件下,各个组成部分实现了一定的功能输出,并使自身成为一个独立的、承载特定功能的有机整体,这就是系统。

从宏观视角看待一个复杂系统,充分理解其中的此消彼长关系,能够更好地认识到系统各个组成部分之间是不可或缺的。而只有站在系统的角度观察系统内各个组成部分以及相互之间的关系,才能得到更为科学与合理的整体优化方案。

从一般系统论的角度来看,任何系统所具有的一般模式如图 1-1 所示。

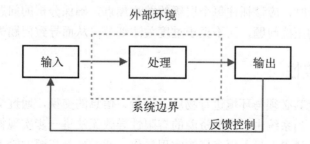

图 1-1 系统的一般模式

相对于外部环境而言,系统是具有明显边界的功能整体,从外部环境中获得各种资源的输入,经过系统的处理与加工,实现了特定的输出。同时为了实现输出结果的稳定性,系统需要具备反馈控制能力，不断纠正由于环境噪声干扰、系统功能模块失效等原因导致的输出结果与预期目标之间的偏差，从而实现系统功能的稳定。

因此，系统的基本构成包括输入、处理、输出、反馈控制以及环境等要素。

系统的输入是获取外部资源和能力的过程。一般来说可以包括人力、资金、物料、能源、信息等。经过系统的特定加工和处理过程，对输入施加以物理或者化学变化，转换为系统的输出。系统的输出包括两大部分：一种是我们希望获取的产成品等有效输出，另一种则是生产加工过程所产生的各种废弃物，需要进行回收处理以及再利用，以降低系统对环境的影响。

系统处于一个不断投入产出的动态过程中，并需要维持自身的稳定性。系统稳定不是静止的概念，而是能够根据外部环境的变化实现动态适应的均衡过程。因此，反馈控制需要能够对输出的结果和目标之间进行比较，并动态调整输入和处理过程，保证产出的结果和预期之间的一致性。

如果系统的反馈控制出现了问题，系统将会在循环过程逐渐失控并崩溃。一个常见的例子是，由麦克风和扩音器所组成的扩音系统中，当麦克风对准了扩音器，系统的正反馈现象导致了扩音器的啸叫，从而导致功能失效。

为了能够更好地理解系统，需要掌握基本的系统原理，在更具普遍性的层面上理解系统的构成与特点。

一、系统的整体性

将若干要素进行整合，形成一个完整的新系统，是因为整合能够带来更大的收益，各个功能要素之间能够通过有效的协作与交互，实现比分散的元素更高的收益。因此，从系统的角度来看，实现"整体功能大于部分之和"就是系统不断优化整合的重要目标。所以，将系统割裂开来，分别研究各独立的功能部分，难以从整体视角理解系统的整体功能产出与资源的平衡。

二、系统的层次性

在不同的层面上对系统的理解会出现巨大的差异，因此，层级架构是系统的重要特征。在企业中，一般自上而下可以划分为战略层、职能层和执行层。每个层级所关注的焦点存在差异性，只有确保跨层级的目标一致性，才能形成系统整体的收益最大化。

在进行系统分析时，应该抓住每个层级的关注焦点，确保分析的问题在同一个层级上，才能提出系统分析的正确问题，而不至于过度关注细节，从而导致问题失焦。

三、系统的开放性

系统的结构决定其必须与环境进行物质、能量、信息的交换，通过交换过程维持自身的存在和功能的输出。当系统由于内部资源的有限性导致无法进一步实现帕累托改进时，需要通过不断开放系统的边界，导入更多资源实现转化，通过外部资源的输入与优化来增强系统的转化效率和产出。

四、系统的目的性

系统存在的价值体现了其目的。对于自然生态系统，其价值在于维持生态体系的平衡；对于人造系统，则是为了满足设计者期望实现的目标。如果一个系统需要达到多个目的，那么就需要在不同的目的之间进行协调与优化，保证系统目标的实现。

第二节　物流子系统的构成

物流系统的构成是以其功能输出的不同来进行定义的。一般来说，物流系统具有七大功能，分别是运输、仓储、配送、流通加工、装卸搬运、包装及物流信息。这就构成了物流的七大子系统。这七个部分相互联系、相互影响，共同实现了物流过程，满足了资源的高效流动。与其他技术系统不同的是，物流系统是一个社会技术系统，涉及面广、人多、空间范围大、时间跨度长、不确定因素多。因此，对物流系统进行整体规划，并优化物流系统的运行，难度非常大。以传统的集中化管控的方式，很难在成本可控的范围内，实现理想的目标。对于物流系统的设计者来说，更需要有全面的大局观，从资源配置、政策导向、行政规制、技术保障等方面不断优化物流系统的构成。

一、运输子系统

运输子系统是物流系统中最为重要的一个构成，满足了资源在较为广泛的空间内进行配置的过程，是国际贸易、产品流通的重要途径。运输子系统包含铁路、公路、水路、航空、管道以及多式联运等多种载运形式，通过不同形式之间的有效衔接与合作，满足了物品的空间转移。

在运输子系统中需要解决的主要问题包括路径的选择与规划、资源的调度与匹配等，在整个物流活动中，运输所占用的成本最高，因此通过仿真与优化能够实现更好的节约。

二、仓储子系统

仓储子系统实现了物流网络上的节点功能，主要解决供求之间的匹配与缓冲问题，缓解供过于求与供不应求的压力。此外，仓储子系统实现了物品的时间价值，通过在不同时间点上的资源收集和资源释放，能够降低市场上价格的波动性，促进经济平稳有序发展。

在仓储子系统上，主要需解决库存的数量与位置、仓库储位管理与优化、仓储设备配置等问题。

三、配送子系统

配送子系统主要实现了供给和需求在"最后一公里"问题上的有效衔接。配送是以客户需求响应为出发点，在客户需要的时间、地点，以可控的成本实现高质量的产品送达。配送环节是客户能够直接接触到的物流服务，因此，配送环节的好坏直接影响着客户对于物流服务全过程的评价。

在配送子系统上需要解决的问题包括订单拣选与配装、配送路径优化、配送模式选择等。当前更多无人化设备的使用以及末端无接触式配送节点对配送子系统提出了新的研究要求，也把配送的价值推到了全新的高度，未来的配送子系统不仅仅是作为物流的实现环节，更多地将会改变现有的流通体系，对现有的流通渠道结构将会产生重大的影响。

四、流通加工子系统

流通加工子系统是利用流通环节的停顿进行的简单加工活动，以更好地满足客户个性化需求，提升物流的增值服务能力。从系统的总成本角度考虑，尽可能实现物流空间转移的有效性，是降低物流成本的重要手段。例如自行车的组装、产品贴本地化标签等，在流通环节进行加工可以解决生产的标准化和客户需求的定制化之间的差异。

流通加工子系统需要解决计划与排程问题、资源配置问题等。

五、装卸搬运子系统

装卸搬运子系统是物流过程的衔接环节，发生的频次高、不确定因素多、耗时长。因此，对这一系统环节的优化重点是如何减少装卸搬运的次数，尽可能消除不必要的装卸搬运。在装卸搬运过程中，需要考虑装卸搬运的效率、成本、连续性等要素，逐步利用先进的技术手段，降低人力的消耗，提升装卸搬运的标准化、自动化水平，使物流过程的流动性进一步加大。

目前，在装卸搬运领域利用了较多的无人化、自动化设备，能够按照算法预先规划的路径完成搬运以及装卸任务。因此，对装卸搬运系统的动态路径规划、分布式协同等问题的研究变得更为热门。

六、包装子系统

包装子系统主要对物流对象进行了有效的保护，避免在物流过程中由于外部环境导致产品质量上的损失。因此，在物流包装上，越来越强调包装的保护性、绿色化、轻量化以及低成本的特点，各种新型的包装材料和包装形式的使用，能够有效地降低物流过程中的资源消耗，充分利用有限的运输和仓储空间。

对于包装系统而言，还需要开发其作为信息媒介的功能，提高包装环节的增值率。

七、物流信息子系统

传统物流信息子系统是为物流过程服务的，是被动的信息系统，但随着互联网和物联网技术的发展与逐步成熟，物流信息子系统已成为物流过程中最重要的辅助决策的顶层系统，是现代物流走向智慧化发展的重要途径。通过在物流的各个环节进行信息的采集，并且借助于算法对大量的数据进行处理分析，能够为物流的优化决策提供更为可靠的知识保障，能够实现在个体思考维度难以解决的复杂大系统问题，并且可以衍生出各种尚未出现的应用。例如，使用各种运行在道路上的货运车辆所搭载的传感器，能够实现一张路网感知网络，能够对物流的路径优化实现动态决策，降低时间与成本的消耗。

对于客户的物流行为特征进行分析，能够比客户自身更好地预测其需求，降低客户的决策难度，为客户提供更多的增值服务等。

第三节　物流系统的目标

物流是围绕着物的时间和空间转移，在客户需求的驱动下，通过仓储、运输、搬运、配送等不同环节，实现物品从供应地向需求地的实体流动过程。物的有效流动，降低了社会的整体运行成本，使全球化成为可能。物流效率的高低和地区的经济发展水平直接相关。高水平的物流支撑了高速增长的地区经济。生产系统和物流系统的共生关系，推动了经济生态的有效循环。而出于降低物流成本的考虑，生产集约化和市场集约化也会自发形成，通过资源在较小空间范围内的集聚，能够快速地实现资源的组配，实现生产和流通的高速、低成本发展。

在一个物流系统中，经常需要对以下五个不同目标进行权衡与整体优化，以寻求最大化的流动性。

一、服务目标

物流属于服务性行业，可为生产生活提供物的空间及时间转移服务，是生产和消费之间的衔接纽带。在我国发改委的政策文件中，提出了物流业是支撑国民经济发展的基础性、战略性、先导性产业，是实现社会流通体系不可或缺的重要环节。

物流的服务目标更多的是以客户的需求作为出发点。在供不应求的市场环境下，物流的服务目标是如何有效地控制成本，实现批量化的满足；而在供过于求的市场中，物流的服务目标则变成了如何更好地满足市场需求，以多批次、小批量的方式满足客户的个性化需求，并进一步降低流通渠道中的库存水平。

二、速度目标

物流系统的核心价值体现在实现物品更高效的时空转移，加速产品从原料到产成品直至消费的全过程，以更高的速度完成价值实现过程。

更快的物流体系能够将全球的经济连接得更加紧密，资源可以在全球范围内进行合理配置，从原料采购到全球化分工生产以及销售，创造更大的规模效益。高速的物流体系提升了社会产品的周转率，促进了社会再生产的持续扩张。

三、空间节约目标

物流活动可分为节点活动和路径活动两类。网络集聚程度的提升，能够有效降低物流在空间转移和时间上的消耗，因此自发形成了经济的聚集现象。在经济高度集中的条件下，各种要素资源高度集聚，资源价格也日趋增加，因此，以空间节约为目标，可以有效地降低物流成本，实现物流的集约化发展。从趋势上看，当前的物流逐渐从平面化向着立体化方向发展，在空间资源的利用密度上不断提升。

四、适当规模目标

物流网络化系统可以满足一定时空范围内的需求，资源的过于集中和过于稀疏，都无法发挥出物流系统的效能，因此，需要在物流网络布局时，综合考虑物流设施的覆盖面、服务能力、服务时效以及服务成本之间的均衡性。

五、库存控制目标

物流系统中需要有合理的库存量来满足供给和需求之间的差异，实现供求的均衡性。但是物流渠道中的库存，会导致整体流通成本的增加，并且降低库存周转速度，对于短生命周期产品来说，库存数量的增加与经济效益存在明显的负相关关系。而库存不足，又会导致客户服务满意度的下降，导致客户流向竞争对手。因此，在过量库存和库存不足之间，需要有一个恰当的动态均衡点。

上述五个方面的目标，共同构成了物流系统的整体目标。各个子目标之间也存在着交替损益关系，需要进行有效的权衡。特别是在物流系统进行规划与设计时，综合考虑各方因素的均衡性，才能实现整体产出的最大化。

第四节 物流仿真技术概述

一、仿真的历史

最早的仿真概念来自军事，沙盘推演的方式能够帮助军事战略的决策者更好地进行敌我双方力量的对比分析，后来又逐渐演化为各种桌面游戏，帮助人们进行各种战略策略的学习。

之后，物流的决策技术在第二次世界大战期间利用了运筹学，通过对资源配置的整体化思考，提升了资源配置的效率，直接推动了军事后勤学的发展。

战后，随着计算机技术的快速发展，越来越多的算法能够在计算机的辅助下得到快速的计算，从而得到优化的答案，算法的价值得到了快速的体现。

在这一阶段，有一种称为"系统动力学"的工具得到了广泛应用。通过分析系统中各个组成变量之间的关系，发现其中的正反馈和负反馈现象，最终找到了系统总体的输出水平，继而研究各种关系之间的相互关联。这种方法帮助大家建立了系统性思考概念，并且也得到了一定的应用。例如20世纪70年代罗马俱乐部出版的《增长的极限》，书中列出了一个系统动力学的世界模型，并基于该模型对未来的世界进行了预测，其结果是较为悲观的，充满了末世论的观点。后期发现，其预测的结果并不可靠。原因在于，其把社会作为一个静态变量的系统，仅仅研究有限的要素对环境的影响。但是世界是处于动态变化的环境中的，而且会有新的变量不断地被引入，技术的变化导致了系统会受到很多不可控因素的影响。这一模型假定人能够穷尽已有知识建立一个理想化的模型，并且研究模型内各个因素之间的相互关联，这样的方式应该是徒劳的。人类对外部世界的知识与认知是随着时代的发展而不断发展的，不应该把人类局限在一个有限的思维桎梏中。

同时，由于这种方法不够直观，只能描述一些较为简单的正负反馈现象，因此，现在更多地只作为一种思考的工具辅助决策。

如果现实的世界也是信息化的，身处其中的人只是这个世界中的一个化身，那么想要理解整个系统是不可能的。于是人类利用逻辑寻找了系统的一种可能的解决方法，建立一个现实世界的映射，建立基础的逻辑结构，并且让其中的智能体不断自行演化，从而演化出不同的结果。此外，由于借助计算机，能够比我们现实的时间更快地进行，因此可以让我们尽快地了解系统可能的变化结果。

这样的模式在气象系统中得到了广泛的应用，通过对现有的气象云图数据进行采集，根据已有的气象运行模式进行分析，得到未来一段时间内，气象环境可能出现的概率。由于大量数据和分析模式的加持，结合越来越快的计算机系统，当前的气象预报准确程度有了很大的提升。

任意一个低维生物理解高维世界的方法，通用的过程是得到高维世界在低维世界中的投影，并且结合时间的表现重构出想象中的高维物体。其中所用到的一个重要工具就是微积分。通过不断微分的方式，将高维物体不断切片，以达到降维的目的。然后，对在时间上具有连续的不同切片进行积分，从而能够重构出高维的物体。这一基本原理可以应用在很多领域。

当前，物流仿真技术从二维的平面仿真(如 SLP 系统平面布局、emPlant 布局优化设计)进入三维仿真阶段。三维仿真具有更好的真实性体验，能够让使用者迅速地上手体验，并且通过简化操作，降低使用难度，使使用者能够更好地将注意力集中在问题的解决上，降低了仿真技术的门槛。

二、仿真的范围

仿真的应用从根本上说是利用小规模的实验对现实进行的模拟，因此，从广义上说，一切现实中存在的，可以进行小规模复制重现的，并用来对现实对象进行优化与改进的活动都可以称为仿真。

工程技术领域的仿真应用最为广泛，从设计者的角度，需要对系统的整体有全局性的规划，利用模块化的方式，将各个子系统分解为若干个功能明确、结构较为单一的组件，之后进行图纸设计、原型设计、组配测试，最后才能够进入大规模生产领域。但是，这一过程是冗长与耗时的，需要动用大量的资源进行不断的协调与反复，直接导致了产品的研发周期变长，延长了市场反应周期。

因此，研发人员也在不断地提升生产工具的效能，利用有限元分析工具，对结构强度进行计算，利用动力学仿真工具测试某项设计的强度，将传统的实体测试与虚拟测试进行有效的结合，在仿真工具性能良好的前提下，可以不借助于实体，就能够在仿真环境下将测试工作前移，进一步加快产品的开发过程。

从工程技术领域开始的技术也逐渐向经济学与管理学领域发展。对金融市场的仿真和压力测试能够有效地进行短期和中长期的金融环境测试。在管理领域，通过仿真技术能够对人机工程学系统进行良好的设计，保障工效的最大化。

在仿真建模中，主要解决了三个问题，即排队、处理与移动。

排队，由于仿真的实体对象到达速度快于处理速度，因此自然产生了排队现象。而处理队列的不同方法会影响到系统的总体效能。

处理，可以是一个时间占用的抽象概念，当实体到达处理设备时，被加工或者占用一段时间都可以称为处理过程。

移动，是实体从一个物理位置移动到另一个物理位置的过程。这其中同样需要消耗一定的资源和时间。

上述的三个过程都与时间有关，通过仿真的优化，能够有效地节约时间(相对地也会带来成本的下降以及产出率的提升)，减少系统瓶颈和无效的等待时间。

三、物流仿真的应用现状

物流领域的仿真才刚刚开始，这是因为物流自身发展较晚，只是在近十年来，才得到了快速的增长。在发展之初，这一领域是粗放的，大量的货运和仓储企业摇身一变就成为物流公司，通过满足快速增长的商品流通需求获得了极快的成长空间。

在发展模式上，以低水平的劳动力附加和低成本的方式争抢市场，大量社会资源的进入，为物流领域注入了活力，带来了源源不断的资源流入。但是由于服务模式单一以及增值服务较少等因素，导致了竞争主要集中在价格竞争层面，并且是以增加外部成本的方式获得企业内部收益的增长。例如通过超载运输获得额外收益，但是对道路造成巨大的破坏；使用低标号燃油，降低了企业油品投入，但是对空气造成了巨大的污染，等等。

近年来，行业竞争的加剧导致了物流行业开始不断细分，大量相关行业开始关注物流市场，例如金融、技术、互联网等，大量高端人才也开始往物流领域聚集，物流市场开始出现细分，大量传统物流企业被兼并与收购，小型的物流企业受到外部管制的压力更大，被迫退出市场竞争。一部分具有网络运营能力的企业，在整合了大量运力资源和市场资源后，具备了利用自身网络优势规划和优化物流系统布局的能力。此时，物流的仿真与设计能力才得到了重视，在项目实施之前的设计才作为一项重要的专业能力得到市场的认可。

由于物流系统的复杂性，任何仿真都无法对系统的完整过程进行映射与仿真。只能针对系统中的具体环节和具体问题，在设定好系统边界之后，对某一特定环节进行仿真。同时，仿真也需要设定仿真的细节与层次，过度关注于细节，有可能导致系统目标的丢失与耗费过多的资源在一些不够重要的细节上。

例如在三维仿真中，需要在高度抽象化和细节的精细化之间进行平衡。过于抽象不利于广泛受众的认知与接受，而过分注重于细节，三维模型会由于系统资源消耗过大，导致系统整体运行效率下降。

在中国，电商企业是最有兴趣进行物流战略投资的，也最有可能实现物流的现代化，因此，这些企业(例如京东物流、菜鸟物流、顺丰速运等)都持续地加大了物流技术方面的投入，并且不断地评估技术应用可能带来的效果。

物流仿真技术作为系统实验的先行环节，能够对系统可能的产出情况进行预估，对系统面临的问题提出可能的解决方案。

例如，在每年的淘宝双十一、京东618大促销中，如果前期市场资源投入过多，市场有效预热之后，带来了市场需求量的迅速放大，而物流能力又无法迅速跟上，整体物流网络出现"爆仓"的现象就会使电商大促的发展受到明显的制约。

因此，需要在这些大型活动开始之前，对系统各方面的能力进行测试，并且估算出可能的量与能力之间的匹配，以保障促销活动的顺利进行。

又如，许多仓储企业为了增强仓库空间的利用效率，将传统的平面仓库改造为立体仓库，采用了 AS/RS(Automated Storage and Retrieval System，自动存储系统)。但是，在有限的空间内，如何进行立库的宽高配比，如何提高立库的出入库效率，这才是企业最为关心的问题。而这些问题也需要通过仿真的方式给出不同情况下的优化答案。

企业不同于实验室可以进行反复的试错。企业的生产系统和设施一旦投入运营，就难以将其推翻重新再来，而只能基于现有的条件进行升级改造，并且要求不影响现有的运营过程。这好比一边在开车一边在进行车辆修理，并且车子还不能停下来。这的确需要高超的技巧。此时仿真的结果就能够为企业减少这样的试错，从若干个可能的方案中选择总体收益最高的那一个付诸实施。

四、仿真系统的分类

计算机仿真是对现实世界进行模拟的动态系统，在模型上执行各种相关的实验，用以改善系统的性能。根据所模拟的系统特征不同，可以分为连续系统仿真、离散系统仿真与混合系统仿真。

(一)连续系统仿真

在这一类仿真中，系统的状态随着时间而连续变化，每一个时间点上的状态呈现连续化的特点。例如流体运动、温度的变化、持续出现的声音等。在现实世界中，大量的系统都可以视为连续系统，都会随着时间的变化而出现不同的状态。

但是，一个现实的悖论是，利用计算机进行的各种计算，是无法从根本上实现对流体的仿真的。因为计算机计算的本质是利用二进制的开关电路进行的计算，虽然可以计算得非常快，但是依然无法形成系统。因此，计算机仿真，采取的一个小策略是将一个连续系统无限细分，截取每一个时间点上的状态量进行采样，从而实现对连续系统的近似模拟。

例如，现实的音乐波形是连续的，但是由于计算机无法实现连续系统的仿真，因此，只能将频率波形以非常小的时间进行切分，采集得到每一个特定时间的频率，再将其进行回放，就能够得到和原始声音非常近似的数字化音乐了。如果采样的时间段较长，那么虽然可以明显地降低数据量，但其缺陷就是和原始声音相比会存在失真现象。

常见的具有连续特征的物流系统包括液体化工行业的流体传输、牛奶的生产与调制、粉料品的输送等。

(二)离散系统仿真

离散系统仿真是指反映出系统状态的变量取值是一个个离散的时间，系统状态变化是由一个个独立的随机事件驱动的。例如在银行的柜台、超市的结账口、车辆的到达等。对于每一个独立事件，通过对数据的采集以及进行概率分布拟合，能够对现状以及未来的趋势进行预测，从而达到仿真的目的。

例如，通过对较长一段时间超市到达人数的记录，能够得到一张人数与时间变化的概率分布图，再根据对数据的拟合得到客户到达的概率变化规律，以此作为模型的输入，去分析系统满足客户的服务能力是否匹配，从而能够更好地为客户提供服务，降低服务的成本。如不至于使客户等待时间过久，或者服务台大量闲置的现象出现。

常见的系统事件如下所述。
(1) 部件到达。
(2) 产品移动。
(3) 机器处理开始/结束。
(4) 机器停机/修复。

常见的状态如下所述。
(1) 机器：闲置、处理、停机。
(2) 队列：空、满。
(3) 操作员：不在岗、使用、空闲。
(4) 运输工具：行驶、装载、卸载。

(三)混合系统仿真

在现实中，还有些系统既有连续的部分，又有离散的部分，因此，处理起来需要考虑到两种系统之间的衔接问题，必须通过建立缓冲的方法来平衡二者之间的差异。例如在牛奶工厂，牛奶的加工处理工艺因其处理的是流体对象，因此必须是连续的储罐加工工艺，但是到最后进入罐装、包装、上托盘以及仓储、运输等过程时，就变成了离散系统。

因此，在仿真设计与应用时，需要首先考虑仿真对象的属性，合理选择恰当的仿真模型。

五、物流系统仿真的价值

物流仿真技术是借助计算机技术、网络技术和数学手段，采用虚拟现实方法，对物流系统进行实际模仿的一项应用技术，它需要借助计算机仿真技术对现实物流系统进行系统建模与求解算法分析，通过仿真实验得到各种动态活动及其过程的持续记录，进而研究物流系统的性能和输出效果。物流仿真是评估对象系统(配送中心、仓库存储系统、拣货系统、运输系统等)整体能力的一种有效评价方法。

物流仿真能够有效地利用先进技术方法提高系统设计与运行的效率，降低系统设计成本，提高系统实施的成功率。

仿真的应用可以在实现真实系统尚未上线时，就能够评估其应用后的效果，并且提前进行优化设计，降低重复试错的风险与成本，对于项目的快速开发具有极其重要的意义。对于大量无法通过直接建模进行系统分析与优化的项目而言，利用仿真系统实现模型与实体之间的映射，能够实现问题的快速定位，低成本、高效率地找到问题的解决方案。

(一)低成本

在解决企业中较为复杂的问题时，如果缺乏有效的前期经验，就需要通过连续的试错方法来验证不同方案的有效性。但是企业是一个需要不断持续运营的经济体，无法具备更多的资源进行项目或者方案的快速调整。因此有许多优秀的方案因为缺少验证的可行性以及对决策者而言并不清楚方案可能的获得效果，从而放弃了实施的机会。

在仿真技术的支持下，这个问题能够得到很好的解决。首先，企业能够用较低的成本建立主要业务模型，并且对这些模型中的不同参数进行调整和优化，不断改进，可在项目尚未进行时，就充分地考虑到系统可能的结果，实现事前优化的功能，避免事中和事后的改进，有效地降低了成本。

(二)可试错

现实系统中出现的各种错误会给企业带来难以挽回的损失,由于风险原因,企业会选择更加保守的方案,而仿真系统可以解决这一问题。

在一个系统沙箱内,任何改动都无法对实体造成冲击,而通过系统内的不断试错,能够快速迭代改进,降低系统实施的成本,避免后期系统故障。

制造型企业率先提出了虚拟制造的概念。在不少制造型企业中,所有的设计工作都在计算机辅助系统的支持下完成,并且可以实现在全球范围内的协作,在系统设计成型后,也可以继续在虚拟系统中进行测试,以验证系统的有效性和可靠性。

例如,在空中客车飞机的制造过程中,是由全球各个组建的制造企业共同设计完成的,在空客 A380 飞机的制造中,能够一次性组装并且试飞成功,是源自系统已经在虚拟的仿真环境下进行过无数次验证。

在人员训练过程中,无论是飞行员还是坦克兵,在实际环境下进行训练,一旦失误,造成的损失就是巨大的。因为这些训练需要大量的时间和经验的积累,并且也是成本高昂的。但是在虚拟仿真环境下的训练就能够让受训人员面临各种不同的考验,从而处理各种突发事件。

(三)高效率

仿真的方法可以充分利用计算机的计算能力,利用算法的优势,将大量重复性计算交由计算机处理,降低了设计过程中的时间消耗,并且通过优化软件,能够帮助设计人员选择更好的设计方案,大大降低了设计的难度,对于掌握了工具的技术人员来说,能够快速地推进不同系统方案的设计及实用化进程。

在物流领域,技术驱动效应变得越来越明显,已经不再是传统意义上的仓储和运输过程了,需要通过提前的系统规划和设计,降低系统对人的依赖性,通过数字化物流技术,降低系统的成本耗费,推动物流流动性的进一步提升,降低系统由于信息不对称所导致的成本。

现有的物流仿真技术随着计算机处理能力的不断提升和图形引擎能力的提高,大量的物流系统设计问题都可以在仿真软件的支持下快速建模,极大地降低了系统的开发成本。

当前对这一领域的研究才刚刚开始,特别是由于系统复杂程度太高,只能从其中某一环节的某一个具体问题入手进行分析,在局部求得某一个子系统的优化解决方案。并且,大量的物流系统分析和设计过程都可以通过仿真的方法进行研究,并找到解决某一类问题的通用性规律,能够有效地提升解决问题的效率,提升物流运行的水平。

第五节 物流仿真技术的应用

一、在企业中的应用

目前,已经有部分先进企业开始将物流仿真作为企业业务实施和过程优化的重要手段。

对于生产型企业来说,仿真应优先应用在生产线优化上,企业中的工业工程师必须对生产线进行计划、组织和控制,通过不断调整生产线节奏,从人因工程的角度优化,以提升效率。因此,将某一个生产线的生产过程进行模拟,按照当前的系统状态进行设计,并通过系统的运行进行大量的"What-if"仿真模拟,判断在不同的条件下,系统的总体产出情况。这种问题由于生产过程的复杂性以及变量数量庞大，直接建立数学模型求出最优解的可能性并不大，而通过仿真的方式，则能够通过多次的虚拟化试验，得出在不同的参数条件下系统的总体输出情况，从而提出最优的满意解，并将其作为改善生产线效率的方法与手段。

对于物流企业，仓库的布局优化与运行中存在着大量的现实问题，例如通道的布局、拣货路径的优化、堆垛机效率的提升等，这些问题对仓库的吞吐效率都有着较大的影响。因此，通过建立仓库的仿真模型，模拟真实的系统运行，了解设备的利用效率、人员效率，可以更好地进行资源配置，降低系统的闲置率。

仿真方法因其有更好的直观性特点，能够让更多的人看到系统运行过程中的问题，通过统计的图表形式，更清晰地反映出系统中的瓶颈环节，可以有针对性地进行优化，最大限度地提高系统效率。与传统方法相比，仿真更直观、更高效，更容易在企业的管理层得到认同，从而推动决策的科学化与可视化。

举一个相近的例子能够更好地说明问题。在房地产市场上，一幢什么都没有的待建高楼为什么能够在市场上提前销售，为什么能够采用先付钱后收货的模式？一方面，是因为房地产市场的高增值潜力所致；另一方面，每一个买房者在作出决策时，所依据的是看到的沙盘和样板间，通过这些辅助的销售手段，能够有效地刺激市场销售量的提升，推动住房成交率的提高。试想一下，如果此时每一个买房者只能看到平面的建筑图纸，是否还有如此大的决心立即作出决策？

因此，良好的仿真过程和结果，不仅能够更好地配置资源，实现系统效率的提升与改善，还能够对决策者的决策起到有力的支持作用，为决策者提供可靠的决策依据。

二、在教学中的应用

物流管理专业的发展尚未成熟，目前对人才的需求，无论是在数量上还是在质量上，都提出了更高的要求。物流领域已经不再是只依靠体力来从事简单劳动的行业了，需要更多懂技术、会规划、善于协调的管理型人才进入这一领域。

因此，在物流管理人才的培养中，尤其要重视系统性思考和管理能力的提升，最佳的方法应该是理论与实践交替进行的能力培养模式，而不仅仅是在课堂里进行的纯理论教学。

但是，现实的困难在于，由于缺乏足够的师资力量，企业中的在岗培训也很难让学生深入业务的核心环节；对于系统方面的研究，只能是从他人的成功案例中学习物流系统的一些设计的原则与方法。同时，囿于有限的办学成本，大多数学习培训机构也无法采用更多实体进行教学，因此，仿真的价值就得到了充分的体现。

例如，在飞行员以及坦克兵的训练过程中，大量的作战实训是在模拟仓中进行的，由于仿真程度高，能够让受训人员在接近于真实的条件下进行实操训练，在提高训练效果的同时，还降低了训练成本。

对于物流的教学，在物流管理、仓储管理、运输配送管理、物流设备等相关课程中，都可以利用仿真的方法让学生通过亲手操作，验证所学习过的理论与方法的可行性，进一步加深对基本理论的理解和认识，提高学习的积极性与兴趣。

特别是对于无法在现实中操练的系统分析与设计课程，通过仿真的手段，能够搭建起自己的仿真模型，通过平衡多个冲突的目标之间的关系，更好地理解系统中的各项均衡损益关系，在系统总体产出最大化(最优)的前提下，得到如何合理地配置各种资源，使系统能够均衡发展的最优解。这些能力的提升，可以有效地培养学生进行结构化思考，用符合逻辑的设计对系统进行分析。这样的物流管理专业的学生，更具有一个管理者所必备的基础素质，为其今后的发展奠定良好的基础。

总结与思考

本章主要介绍了物流系统和系统仿真的概念。通过了解系统的构成与目标明确了系统的范畴，对仿真技术及其应用进行了概述。

本章的内容偏重宏观叙述，读者需要思考，如何为自己所遇到的物流系统问题界定清晰的边界，描述其特征和属性，并对复杂问题提取其中重要的参数，为后续仿真建模做好准备。再请思考，除了本章所介绍的仿真应用外，在计算能力呈指数级增长的条件下，还有哪些领域开始使用仿真手段作为研究和验证的工具？

第二章 仿真工具介绍与基本概念

使用仿真工具解决复杂系统问题正在成为一种可能。本章将对 FlexSim 仿真软件进行简单明了的介绍，并以实际案例帮助读者建立第一个可用的仿真模型，然后再介绍仿真软件的概念与常见模块。

第一节 FlexSim 系统的安装与第一个模型

自第一代 FlexSim 诞生以来，已经经过了很多个版本的更替。在 2016 年之后，FlexSim 进行了重要的改版，命名规则开始以年份取代传统的数字序列命名。同时，为了更好地响应市场的需求，近年来，FlexSim 版本进行了许多重要的更新，为用户带来了更好的仿真体验。因此，为了更好地满足读者的仿真需求，本书以 FlexSim 2020 版作为操作和示例的基础。

一、FlexSim 软件的获取与安装

获取 FlexSim 仿真软件最直接的来源是 FlexSim 公司的官方网站，网址是 www.flexsim.com，如图 2-1 所示。

图 2-1 FlexSim 官网与软件下载界面

通过下载 FlexSim Express 能够获得最新版本的 FlexSim 软件，安装之前，需要确认计算机系统的硬件环境是否满足 FlexSim 的运行要求。目前大多数计算机的硬件都能满足 FlexSim 的运行要求。但在操作系统上，FlexSim 只能支持 Windows 操作系统，且今后将会停止支持

32位操作系统版本。

　　软件无法支持 Linux 或者 MacOS 系统，且不支持 ARM 架构的处理器。如果希望在采用 Intel 芯片的苹果系列电脑上运行 FlexSim 的话，需要通过 BootCamp 安装双系统。如果硬盘空间容量有限，可以使用 Windows To GO 软件将 Windows 操作系统安装在外置 SSD 硬盘上，并在外置 SSD 硬盘上安装 FlexSim 软件。表 2-1 给出了 FlexSim 运行的最低配置和推荐配置供参考。

表 2-1　软件安装配置需求

	最低配置	推荐配置
CPU	五年内生产的 x86 或 x64 架构的 Intel、AMD 处理器； 英特尔第五代(Broadwell)核心处理器或更高版本 AMD Bristol Ridge 系列处理器或更高版本	Intel i7-8700 或更高 AMD Ryzen 7 Pro 2700 或更高
内存	4GB	16GB 或更高
显卡	支持 OpenGL 3.1 或更高的 GPU： Nvidia GeForce GT 710 或更高 AMD Radeon R5 330 或更高版本 Intel HD Graphics 510 或更高版本	Nvidia GeForce GTX 1660 或更高 AMD Radeon RX 590 或更高
操作系统	微软 Windows 操作系统： Windows 10(32 位或者 64 位，在软件安装时需要选择对应版本软件) Windows 8.1(将于 2023 年 1 月 10 日终止支持)	微软 Windows 10(64 位)
磁盘空间	最少 3GB 的磁盘可用空间	运行于 SSD 固态硬盘中运行速度会更快
附加软件	.NET Framework 3.0(必需) Visual Studio4(可选)	.NET Framework 3.0(必需) Visual Studio4(可选)

　　在 FlexSim 软件版本的选择上，考虑到稳定性可以选择 LTS(长期支持)版本，而如果需要体验最新功能，则可以选择下载最新版本。

　　软件的安装和其他常用应用软件类似，不再赘述。默认软件安装位置为 "C:\Program Files\Flexsim 2020"，用户模型文件保存位置为 "C:\Users\Administrator\Documents\Flexsim 2020 Projects"，如果需要另行选择其他位置安装，请注意安装目录中不能含有中文字符，以免后续软件运行过程中报错。

　　如果在软件安装和启动过程中遇到任何问题，可以通过扫描下方二维码获得常见问题的解决方案。

二、软件的打开与使用

安装结束后双击软件图标打开软件,进入软件首页面,在图 2-2 的右上方列出了软件的版本信息以及许可证信息,如果没有安装许可证或者使用网络共享许可证,将会产生 30 个模型对象的限制,以及无法使用树结构等高阶功能。而对于初学者而言,基本能够在 30 个模型对象的限制下初步体验到 FlexSim 仿真系统的强大功能。如果需要安装网络许可证,可以咨询所在机构的网络管理员。

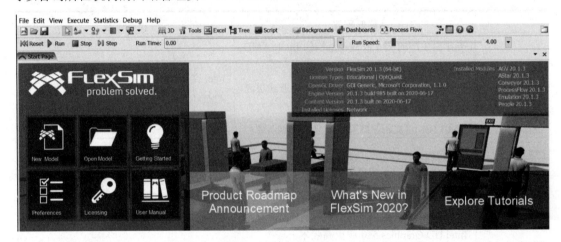

图 2-2　软件运行首页

在屏幕左侧有以下六个常用的功能。

(1) New Model <img>:创建新模型,一般情况下,在开始一次全新建模的时候,我们会使用新建模型的方法,进入模型主窗口。

(2) Open Model <img>:打开已有模型,对于之前创建过的模型,这里会打开上一次模型所保存的目录。

(3) Getting Started <img>:如果是 FlexSim 仿真的新手,强烈建议先阅读一下用户手册中的 Tutorials 教程部分,软件提供了模型基础使用的教学教程,通过对教程的学习,能够快速入门。部分对英文版软件比较陌生或者对英文操作教程不太理解的读者,可以使用谷歌浏览器(Chrome)访问 docs.flexsim.com/en/20.2/Tutorials/Introduction/,单击鼠标右键选择"翻成中文(简体)",能够将对应的内容转化为中文,方便理解。建议经常访问该网址,文档将随着软件版本的更新而实时更新。

(4) Preferences <img>:参数设置。每位读者的软件运行环境都会有很大差别,因此通过参数页面能够对某些重要参数加以调整。此处列举两个经常被问到的问题设置方法:①打开传统传送带模型:单击 Prefernece,选择 Environment 环境标签页,勾选"Display Legacy Conveyors in the Library";②对部分比较老的电脑,没有独立显卡,导致模型显示不正常的,单击 Prefernece,选择 Graphics 图形标签页,在"OpenGL Context"下拉框中选择"Generic(No GPU Acceleration)",之后选择应用并确定。

(5) Licensing <img>:许可证。如果读者有独立单机版的许可证,可以直接在 Activate 激活选项卡中填写许可证号激活,但是对于大多数使用者,特别是学校,更多的是使用共享许可证的方式，因此，需要单击 License Server(许可证服务器)标签页进行设置，如图 2-3 所示。

(6) User Manual ：用户手册。如果希望迅速成长为一名仿真建模师的话，一定要认真学习用户手册，了解软件的功能。

在单击创建新模型后，首先会看到模型单位配置窗口，如图 2-4 所示。

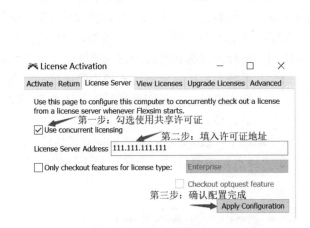

图 2-3　共享许可证设置方法

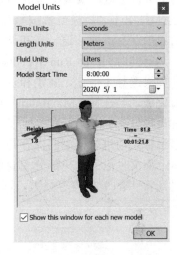

图 2-4　模型单位配置窗口

此处可以设置的内容包括时间单位、长度单位、流体单位以及模型开始时间，默认单位为秒、米、升，模型开始时间默认为当前日期的上午 8 点。此处尤其要注意模型单位的统一性。在之后建模时，这就是参数的默认单位，例如在使用叉车时，实际设备的参数需要和模型默认参数统一起来。

仿真界面可分为 6 个部分，分别具有不同的功能，如图 2-5 所示。

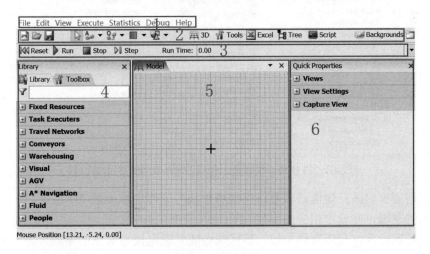

图 2-5　仿真界面

(1) 模型菜单区：以文字化形式表现了仿真的主要功能，应特别关注不同功能所使用的快捷键，在进行仿真建模时，使用快捷键将会事半功倍。在新版本中特别增加了 Auto Increment Save 功能，针对建模的不同阶段，在键盘上按下 Ctrl+Shift+S 组合键，会在模型保存的文件夹创建文件名_1.fsm、文件名_2.fsm 等模型，结合文件创建时间，能够实现文件版本的有效管理。

(2) 菜单图标区：将常用的功能以图标形式展现，方便单击选取常用功能。

(3) 模型运行控制区：主要实现模型运行过程中的控制。在建模完成后，需要先单击一下 Reset 重置按键，实现模型的初始化，再单击 Run 运行模型。其中 Run 和 Step 的区别：Run(运行)是单击之后模型就按照时间顺序执行模型，而 Step(步进)则是单击一次模型进入下一个时点的状态改变。这一点在调试的时候会用得到。Run Time(模型运行时间)显示模型在系统中运行的时间；而 Run Speed(运行速度)是充分发挥出模型的仿真效能，能够选择不同的倍速，如果选择 1 倍速，就是和现实时钟同步执行，而选择更高的倍速能够让模型尽可能快地运行完成。当选择"Maximum"最大值时，系统会将所有资源用于模型的运行，应谨慎选择，如果模型在高速运行时产生了大量实体，有可能导致系统资源耗尽而无法响应。因此，在模型运行之前进行模型的保存是一个非常好的习惯。

(4) 库文件区：这一部分主要包含两个选项卡：Library(库)和 Toolbox(工具箱)。由于仿真软件所提供的工具内容强大，因此，在选择不同的窗口时，会显示出不同的库文件，如图 2-6 所示。

图 2-6 3D 建模、仪表盘、代码三种不同状态时的库文件

(5) 模型主窗口区：建模时需要将模型对象从库文件中拖拽进 3D 主窗口，并且建立模型对象之间的逻辑，并设定相应的参数。

(6) 快速属性区：和库文件类似，该区域会随着选定模型对象的不同，将常用属性窗口列出，方便查阅和修改模型参数。

仿真模型在建模过程中还有其他更加强大的功能，此处不再一一赘述，会在后续建模过程中再进行讲解。

三、建立第一个仿真模型

(一)模型问题描述

在上一节说到任何系统都可以抽象为"输入—处理—输出"的过程。具体到物流系统中，我们假设如下一个工作场景：一个快递站点每天营业时间为早晨 8 点至下午 5 点，在此期间，前来寄件的客户陆续到达，根据一段时间的数据采集和估计，客户到达的时间间隔符合指数分布，具体参数为 exponential(10,60,0)，客户到达后，快递点工作人员负责对快件进行检验包装，并将快件放置在收件筐内。检验包装的时间为均值 60 秒，标准差 10 秒的正态分布。假设这个站点只有 1 个工作人员，他每天最多能处理多少快件？客户的平均排队等待时间有多长？

(二)建立模型

1. 建立 3D 模型布局

通过拖拽形式将模型对象从模型库拖拽到 3D 建模平面中，在模型库中鼠标左键单击按住模型，并在 Model 区域适当的位置释放，如图 2-7 所示。

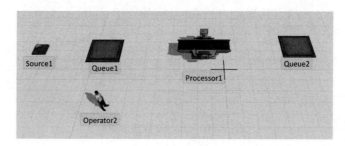

图 2-7 3D 建模

2. 建立逻辑关系

在键盘上按住 A 键(请关闭中文输入法)，鼠标箭头变成链条状，从 Source1 开始依次链接 Queue1、Processor1、Queue2，或者在菜单栏里单击 键，鼠标箭头同样变成链条状，实现实体间的连接，以下 S 连接类同；再按住键盘 S 键，将 Queue1 和 Processor1 分别与 Operator2 相连接。完成后如图 2-8 所示。此处箭头表示的是可移动实体的移动方向，方块型连接的是任务执行器，此处表示为操作员。

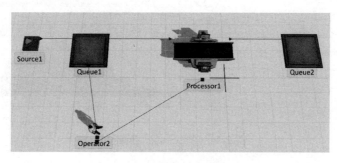

图 2-8 建立模型逻辑关系

3. 设定模型参数

(1) 双击打开 Source1，修改到达间隔时间参数为 exponential(10, 60, getstream (current))，单击 OK 关闭窗口。此处让快件每隔一段时间到达，到达的统计分布如图 2-9 所示。

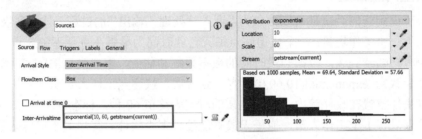

图 2-9　Source 参数设置

(2) 双击打开 Queue1，选择 Flow 流程选项卡，勾选"Use Transport"，后面列出的参数指出使用当前 Queue 对象的中心 1 号端口链接的对象，如图 2-10 所示。

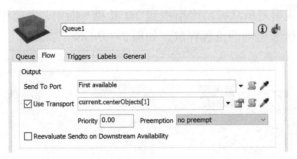

图 2-10　Queue 参数设置

(3) 双击打开 Processor1，在 Processor 处理器选项卡上对处理时间填入"normal(60, 10, getstream(current))"，同时勾选"Use Operator(s) for Process"，此处设置快递工作人员处理快件的时间为均值 60 秒，标准差为 10 秒。在 Flow 选项卡上同样勾选"Use Transport"，如图 2-11 所示。

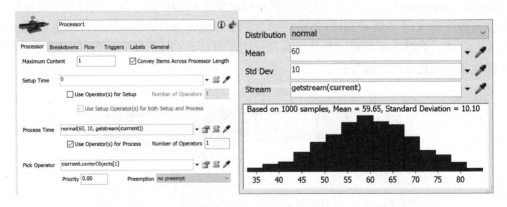

图 2-11　Processor 参数设置

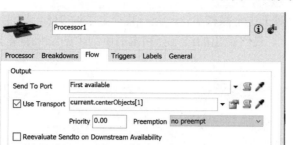

图 2-11　Processor 参数设置(续)

至此，我们的第一个模型就建立成功了。在运行模型之前，请先保存模型。

4. 运行模型

在 Run Time 后面的下拉三角形中，选择"Date and Time"，并勾选"Stop Time"，填入 17:00:00，含义是模型从上午的 8 点开始运行，直至 17 点结束，如图 2-12 所示。

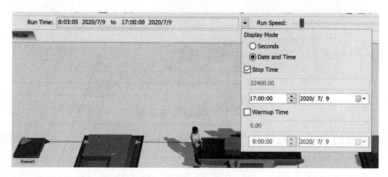

图 2-12　模型运行时间设置

单击 Reset 按钮，再单击 Run，此时，模型就能够按照我们预设的模式运行了，如图 2-13 所示。运行过程中，可以实时拉动运行速度的滑块，观察模型的变化。

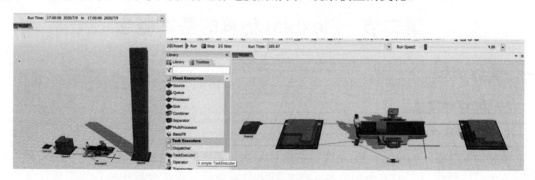

图 2-13　模型运行结果

5. 结果分析

通过 1 天时间的模拟，读者可获得模型运行的结果参数，结果如图 2-14 所示。单击每一个实体对象，都能够在快速属性栏中看到相应的参数。例如，在某一次模拟中，最终 Queue2 进入的包裹数量为 427 个，而 Queue1 尚有 52 个快件未处理完，平均每一个快件的等待处理时间约为1762秒。而对于这个操作员，一天一共行走了约9154米(注意：由于读者的模型在布局上存在差异，因此，最终输出的结果会和本书所列出的结果有差异，需要根据实际的场景需求进行布局)。

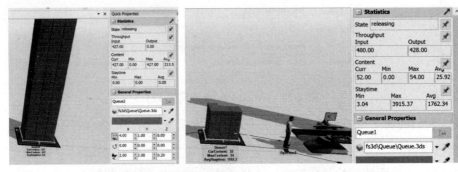

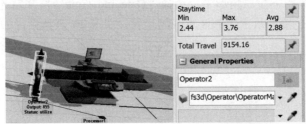

图2-14　运行结果分析

显然，根据上面的数据，如果操作员的操作时间能够更快一些，或者增加新的操作员，就能够获得完全不一样的结果。

这里就体现出了仿真的"What-if"分析的作用。对于物流设施的布局，与操作人员的行走距离、工作时间都会存在关联，对于员工作业的时间要求、动作标准化等对结果产生的影响都能够通过仿真的手段进行预先分析，在方案实施之前就能得到结果。

第二节　FlexSim仿真的基本概念

一、实体类型

(一)可移动实体

1. 可移动实体的种类

可移动实体(Flow Item，FI)是模型仿真从开始到结束的完整过程中流动的实体对象。可移动实体可以代表模型中的不同内容。例如对于仓储系统来说，仓库中所存放的货物就是可移动实体。对于客户服务系统来说，被服务的客户就是可移动实体。而更为抽象的客户订单、打入的电话都可以被理解为可移动实体。

在默认情况下，可移动实体可以在可移动实体箱中找到，如图2-15所示。在系统中，已经预定义了不同形状的实体供模型仿真时使用，包含盒子、圆柱体、球体、平板、托盘、周转箱、人员、卡车等对象。同时，也可以根据实际的仿真现场需求自行定义可移动实体。

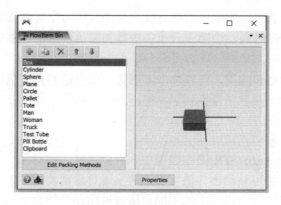

图 2-15 可移动实体箱

从系统的角度来说，可移动实体是模型输入、处理、输出的对象。可移动实体有四种类型，即基本型(立方体 Box、圆柱体 Cylinder、球体 Sphere、平板 Plane、圆形 Circle)；容器型(托盘 Pallet、周转箱 Tote、卡车 Truck)；任务执行器型(操作员 Operator、自动导引小车 AGVS)；人员型(男性、女性、男童、女童)。

基本型可移动实体是流经仿真模型的简单形状。在模型运行过程中，可以改变可移动实体的形状、颜色等外观参数。有时为了更好地满足仿真的现实需求，也可以从外部导入或者自行编辑可移动实体的外观。

容器型可移动实体是仿真过程中所使用的各种包装物，能够承载一定的基本型实体。例如在托盘容器上，就可以放置不同尺寸的包装箱。

任务执行器型可移动实体看起来像无人驾驶的 AGV(Automatic Guided Vehicle)，例如一个进入仿真系统的 AGV 设备，虽然属于可移动实体，但同时自身也需要执行一定的任务。

人员型可移动实体是任务执行器型实体的一种。不同的人员可以作为客户进入系统，执行一定的指令，并且在接受完服务后离开。

在新版仿真软件中，也存在一类抽象的可移动实体——Token(令牌)，其在 Process Flow 工艺流程中进行使用，它既可以表述实在的可移动实体，也能够表述一些抽象的可移动实体，例如客户发送来一份订单，仓库根据订单进行拣货作业，并最终将符合订单要求的产品输出。

2. 可移动实体的标签

由于在仿真系统中所需要处理的可移动实体数量和种类众多，因此需要对其进行有效的识别与分类。而识别与分类就必须使用标签(Label)功能。标签是仿真系统整体功能的关键功能之一。通过标签可以跟踪关键信息，或者根据标签信息动态更改模型响应的方式。

例如，在快递系统仿真中，可以对进入系统的可移动实体(Box)设定一个数值型标签"Weight"，在处理器上对该标签进行赋值，将快件的重量信息写入 Weight 标签。在后续环节，就可以根据标签所提供的重量信息进行相应的处理，并且也能够对标签信息进行汇总和计量，如图 2-16 所示。

图 2-16 可移动实体标签示例

又如在生产设备的加工过程中，对所有流经处理器等固定实体的可移动实体，可以通过打标签的形式记录下处理时间、由哪一台设备进行加工等信息，方便后续对产品进行分选、加工等复杂操作。

关于标签的具体介绍和应用，可以参考本书第十章"标签及工艺流程应用详解"。

(二)固定实体

1. 固定实体种类

固定实体(Fixed Resource，FR)是在模型中保持固定状态的对象。一般来说 FR 与各种可移动实体进行交互，实现可移动实体的存储、加工等，它可以代表模型中的不同步骤或过程。在物流系统中常见的可以用固定实体来描述的包括各种处理设备(打包机、检验台)、存储设施设备(货架、立体仓库、平面堆场)、输送设备(传送带、滑槽)等。

在 FlexSim 仿真系统中所使用的固定实体如图 2-17 所示。

自上而下分别是：资源发生器、队列、处理器、吸收器、合成器、分解器、多处理器、传送带、分拣传送带、基本传送带以及基本固定实体。此外，货架也是仿真中的一类重要固定实体，在 2020 版本中，将其作为单独的仓储模块提供，下面逐一进行介绍。

图 2-17　固定实体资源列表

1) 资源发生器

资源发生器(Source)用于创建模型中的可移动实体。相当于模型的输入环节。资源发生器是没有输入端口的，只有输出功能。可以在资源的属性窗口中，对于可移动实体的到达方式、类型、时间、流出的模式、标签等不同参数执行设置，如图 2-18 所示。以满足现实中进入系统的可移动实体到达行为方式的有效表达。

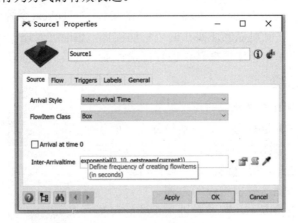

图 2-18　资源属性窗口

2) 队列

队列(Queue)是仿真系统中的缓冲环节。在下游连接的固定实体无法处理可移动实体时，队列用于存储功能。在默认情况下，队列执行先进先出的排队方式。并且可以选择在队列中排队或者堆叠等视觉表现。在队列中，还可以执行更为高级的批量处理以及条件拣选等功能，如图 2-19 所示。

在现实物流系统中，为了解决系统资源之间不匹配的问题，需要使用到队列来进行能力的调节。

3) 处理器

处理器(Processor)用于模型中对可移动实体的处理工作。简单理解，这是对可移动实体的一段时间上的占用。这符合一般系统论中关于处理的观点，同时，处理器还可以对可移动实体进行各种物理变化的模拟，例如改变色彩、外形等。为了能够更加真实地模拟真实需求，处理器可以设置操作人员，设计设备的使用计划以及对设备故障及故障修复等情况进行模拟，如图 2-20 所示。

图 2-19　队列属性窗口

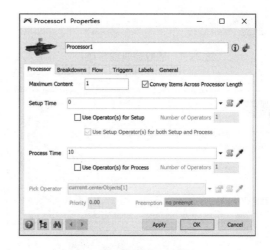

图 2-20　处理器属性窗口

4) 吸收器

吸收器(Sink)用于销毁经过模型处理后的可移动实体。吸收器与资源发生器正好相反，它没有输出端口，只有输入端口。进入吸收器的可移动实体对象直接被执行了删除动作。在仿真过程中，应用好吸收器非常关键。特别是对于可能存在较多可移动实体进入模型时，如果不能及时将模拟完成的可移动实体销毁掉，会导致模型中实体数量过多，引发系统失去响应功能。吸收器属性窗口如图 2-21 所示。

5) 合成器

合成器(Combiner)是一种特殊的处理器。它能够将不同的可移动实体进行打包、拼合以及批量处理作业。在现实物流系统中的组托作业往往采取此种方式进行。合成器属性窗口如图 2-22 所示。

6) 分解器

分解器(Separator)也是一种特殊的处理器，其作用是合成器的逆作业。目的在于对已经打包的可移动实体进行拆解。在物流系统中，拆托、换包装、装车等环节往往需要使用该固定实体。分解器属性窗口如图 2-23 所示。

7) 多处理器

多处理器(MultiProcessor)用于模拟在同一台设备上进行多项操作的一组过程。可以将其理解为是多个单处理器的组合。实现了在单台复杂设备上进行的多道加工工序。多处理器属性窗口如图 2-24 所示。

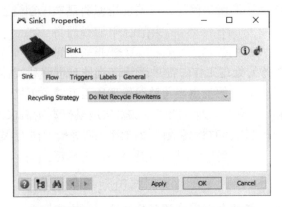

图 2-21　吸收器属性窗口

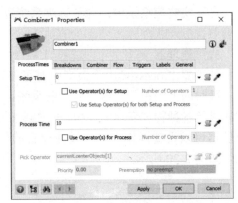

图 2-22　合成器属性窗口

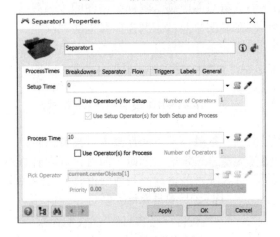

图 2-23　分解器属性窗口

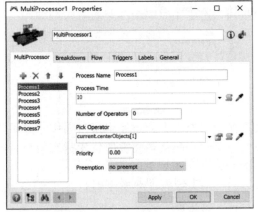

图 2-24　多处理器属性窗口

8) 传送带

8～10 部分的功能已经在新版系统中作为默认不显示，并且用传送带模块进行了替代升级。但是出于部分需要和之前版本模型兼容的需求，仍进行介绍。打开传统传送带模块的方法是，选择 File-Global Preferences，在 Environment 选项卡中勾选 "Display Legacy Conveyors in the Library" 并单击确定。

传送带完成了可移动实体的空间转移工作。在其输入输出端口均需要连接其他固定实体。在布局上，传送带模块可以根据实际需求将其转换为直线或旋转传送带，在传送带上可以增加光电传感器功能，用于对可移动实体的检测。传送带属性窗口如图 2-25 所示。

在物流系统中传送带功能应用频繁，对于输送线的布局，需要考虑到空间可行性以及布局合理性问题。

9) 分拣传送带

与传送带相比，分拣传送带(MergeSort)具有分拣出入口功能，能够将不同类型的可移动实体按照标签或端口的不同进行输送，满足了物流分拣的要求，分拣传送带属性窗口如图 2-26 所示。在物流快递中转场，自动化分拣系统的主要构成就是分拣传送带，它是快件处理能力提升的核心。

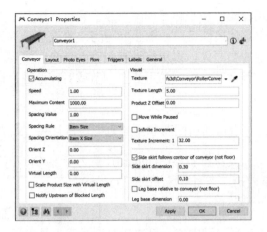

图 2-25　传送带属性窗口

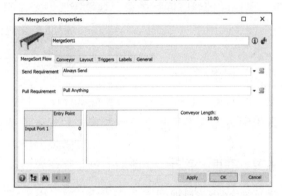

图 2-26　分拣传送带属性窗口

10) 基本传送带

基本传送带(BasicConveyor)是传送带功能的扩展，与传送带相比用决策点功能取代了光电传感器，能够在传送带的不同位置进行更多扩展功能,基本传送带属性窗口如图 2-27 所示。在新版传送带模块中，决策点(Decision Point)被单独列出。

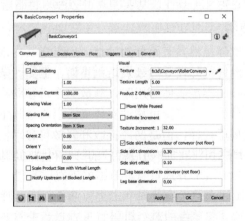

图 2-27　基本传送带属性窗口

11) 基本固定实体

基本固定实体主要用作定制用户自己的库对象。它可以由开发人员自行定义在库中所没有的固定实体。基本固定实体属性窗口如图 2-28 所示。在仿真建模过程中，基本固定实体可以通过外部第三方软件建模后导入，以更好地模拟真实场景。需要注意的是，仿真模型在运行过程中需要实时渲染，因此减少模型的不必要细节或对模型进行轻量化处理能够使仿真过程运行更加流畅。

12) 仓储模块

在 FlexSim 2020 版本的软件中，将仓储模块单独列出，提供了五种不同的仓储形式，如图 2-29 所示。自上而下分别是标准货架(Standard)、重力货架(Gravity Flow)、压入式货架(Push Back)、驶入式货架(Drive In)、平面堆场(Floor Storage)。

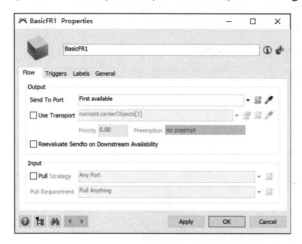

图 2-28　基本固定实体属性窗口　　　　图 2-29　仓储模块

新版本的仓储模块为物流系统仿真建模提供了更为高效的工具，能够模拟不同仓储场景下的应用。例如对于标准货架，能够对货位进行更为灵活的指派和设计，可以根据存储对象标签的不同来指派特定的货位。对于重力式货架以及压入式货架，有效实现了先进先出式的仓储管理方式以及先入后出式仓储管理方式。

对于仓储模块的应用，会在后续章节中进行详细介绍。

2. 固定实体的一般逻辑

在仿真过程中的固定实体虽然具有不同的功能，但是在其内部逻辑上，均具有相似的结构：将可移动实体拉入自身进行处理并继续发送到下游。例如，队列可以同时接收多个可移动实体，并在下游端口链接的固定实体可用时，释放每个可移动实体。处理器接收一个可移动实体，进行处理，然后释放，并等待可移动实体离开后再接收下一个。尽管队列和处理器处理可移动实体的具体过程不一样，但是两者接收和释放可移动实体的抽象逻辑是一致的。图 2-30 显示了固定资源对象对其接收并随后释放的每个可移动实体执行的步骤。

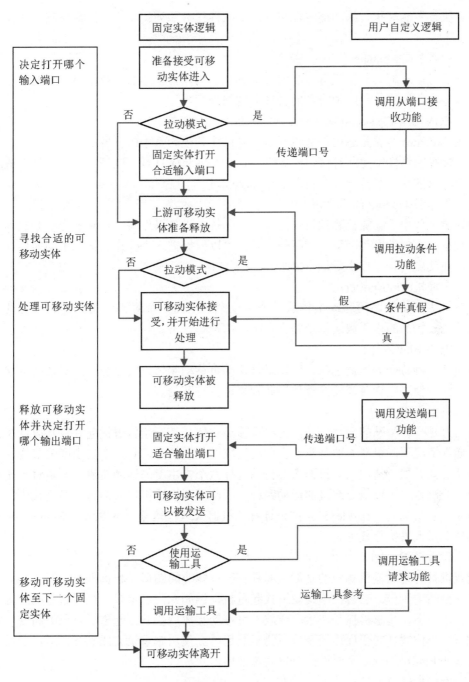

图 2-30　固定实体的一般逻辑

(三)任务执行器

1. 任务执行器的概念与种类

在仿真模型的执行过程中,需要有设备或者操作员进行作业。主要包括移动、装载、卸载、任务分配以及执行多条任务序列等。常见的任务执行器包括调度员(Dispatcher)、AGV 小车、操作员、运输机、电梯、机器人、起重机、堆垛机、基本任务执行器等。

任务执行器能够执行的功能主要包括：①执行任务序列；②执行碰撞检测；③执行偏移行程。

1) 调度员(Dispatcher)

调度员可以理解为一个任务分配的管理者，它可以将到达的任务按照一定的规则分配给不同的任务执行器执行，实现资源的合理调度与分配。

2) AGV 小车(Task Executer)

Task Executer 对象是通用任务执行器。可以将其视为基本的任务执行器，使用它不必像对 BasicTE 对象那样创建所有自定义逻辑。Task Executer 具有一些基本功能，可以适应各种用途。该对象的默认形状设计为自动引导车(AGV)。

3) 操作员(Operator)

操作员主要用于物流仿真项目中的搬运、分拣、设备操作等。仿真过程中会较为关注操作员的数量、工作效率等因素，实际使用时，可以根据需求为操作员选择不同的外观以及动作选项，使其更符合工作实际场景需求。

4) 运输机(Transporter)

运输机主要用于将可移动实体从一个对象搬运至另一个对象。在具体形状上设计为叉车。可以完成物品的水平搬运以及垂直上架、卸货等任务。

5) 电梯(Elevator)

电梯是一种特殊的运输工具，可以垂直移动可移动实体。实现在不同层之间可移动实体的空间位移。使用电梯时需要注意使用队列来进行排队处理。

6) 机器人(Robot)

机器人是一种特殊的运输工具，可将可移动实体从其开始位置提起并将其放置在其结束位置。通常情况下，机器人的基座不会移动。取而代之的是，有六个自由度关节的移动来搬运可移动实体。默认情况下，机器人会自动选择六个自由度的运动轨迹。但是对于托盘堆码等物流作业而言，需要给定准确的运动路径，因此需要设置机器人的运动路径轨迹。在后期进行数字孪生仿真中，在 FlexSim 中设计好的机器人运行轨迹，可以通过 Emulation 模块发送给实体机器人去执行任务。

7) 起重机(Crane)

起重机具有与运输机相似的功能，但具有经过修改的图形。起重机随矩形(x, y, z)运动在固定的空间中工作。它旨在模拟轨道式起重机，例如龙门起重机、桥式起重机或悬臂起重机。默认情况下，起重机抓手在拾取或放下可移动实体后会升至起重机对象的高度，然后再移动到下一个位置。在平面堆场及重型物料装运时会使用起重机完成装卸搬运。一般来说，起重机会和 Floor Storage 平面堆码对象联合使用。

8) 堆垛机(ASRS Vehicle)

堆垛机也是一种特殊的运输工具，专门设计用于与货架一起使用。它将在两个货架之间的巷道中来回滑动，以装卸可移动实体。ASRS Vehicle 提升运动和行驶运动将同时发生，但只有在车辆完全停止后才可到达目的地。

9) 基本任务执行器(Basic TE)

基本任务执行器供开发人员用来创建用户自己的任务执行器对象。它将几乎所有可继承的任务执行器逻辑传递给选择列表函数，以便用户库开发人员可以为任务执行器指定几乎所有功能。

2. 任务执行器与任务序列逻辑

任务执行器是执行任务序列的 3D 对象。它们可以在整个模型中移动、加载和卸载可移动实体，以及在固定资源处使用。而现实问题可能需要实现较多的复杂逻辑，例如一个操作员需要负责搬运物料，但如果设备出现故障则需要优先处理故障、更换备件等，这些复杂逻辑在进行仿真时需要进行考虑。因此需要为其分配合理的任务执行序列，完成一系列指定的工作任务。

定义任务序列逻辑有以下四个主要方面。
(1) 任务序列生成：如何定义任务序列？
(2) 作业分配：谁或什么人将执行哪些工作？
(3) 物料流和工艺路线：这些物品需要去哪里？
(4) 交通或行走：任务执行器如何移动？

使用 Process Flow 创建任务序列将会使仿真模型的业务逻辑更加清晰，如图 2-31 所示是一个利用 Process Flow 创建的任务序列示例。

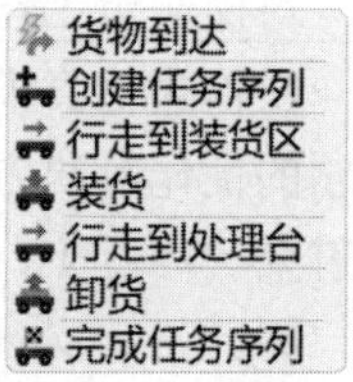

图 2-31 任务序列示例

二、仿真建模的最佳实践

(一)确定建模目标和范围

创建仿真模型的第一步是明确并具体说明项目范围以及通过创建仿真模型希望实现的目标。本节列出了企业开始模拟项目的一些常见原因。

1. 解决特定的问题

计算特定业务决策的风险或投资回报率？
提高设备利用率？
减少等待时间和队列大小？
提高吞吐时间？
更有效地分配资源？
消除缺货(短缺)问题？
最小化故障的负面影响？
最大限度减少次品和废品的负面影响？
确定最佳的批量大小和零件排序？
解决材料处理问题？
优化商品和服务的优先级分配逻辑？

2. 概念验证

向利益相关者和决策者成功证明或提出您的问题解决方案？
展示新的工具设计和功能？
尝试不同投资方案的想法？

3. 深入理解

更好地了解当前的系统。

管理日常运营决策。

学习费用削减计划。

研究设置时间和工具转换的影响。

4. 员工培训

对操作员进行整体系统行为方面的培训。

对操作员工作绩效进行可视化培训。

在构建仿真模型之前,需要定义仿真的范围,一般来说,问题聚焦度越高,越容易找到问题的优化解决方案。如果一开始就倾向于创建整个业务系统,会导致无法将关注点聚焦在最重要的问题上,而且会导致模型因为容量过大而不堪重负。

因此,定义一个需要解决的问题是成功的关键。例如在一个仓库的入库阶段,所需要解决的问题是"根据现有的入库到达计划,使用多少操作员是合理的?"因此就无须将后续的仓储以及其他流程在此模型中列出。最好的模拟是具有明确重点并消除任何不必要的细节。

(二)对现状的模拟与对未来的预测

在开始模拟项目之前,需要作出的决定是确定应该创建当前状态模型还是将来状态模型。当前状态模型描述了企业当前的业务系统。当前状态模型的目标是帮助企业实现可视化并了解当前业务系统中实际发生的情况。同时建模者可以使用它来将仿真模型与实际性能进行比较,以确保模型准确。相比之下,未来状态模型将帮助企业计划和设计一个更有效的业务系统,对未来系统的改善提供决策参考。

从建模的效果上看,应该优先建立当前状态的模型,而不是构建一个想象中的模型,因为可以通过实体的验证来不断校正模型的可信度。在建模学习过程中需经历以下四个阶段。

(1) 创建现有系统模型:如果不熟悉 FlexSim 和仿真建模,应首先创建当前系统的模型,这将帮助读者学习如何更好地使用这些工具。考虑使用当前状态模型进行建模,直到可以更熟练地使用这些工具为止。

(2) 信息收集:创建当前状态模型将促使建模者收集有关业务系统真正工作方式所需的重要信息。仿真工程师需要走进实际工作现场,与业务人员进行交流。

(3) 验证模型:创建当前状态模型后,建模者能够将仿真模型与业务系统实际运行情况进行比较,这在仿真行业中称为验证模型。然后,建模者可以确定所创建的模型是否准确地描述了现实。验证模型后,可以继续创建一个未来状态模型,直到建模者开始使用的模型是正确的。

(4) 解决问题:创建当前状态模型实际上可以帮助建模者查看当前系统存在的问题,这些问题本来是难以发现的。在创建当前状态模型时,很多时候建模者将开始确切地意识到需要更改业务系统的内容。这就是为什么一些仿真工程师建议跟踪在处理当前状态模型时,要更改操作的动作列表("要做的事情"列表)的原因。

(三)确定关键度量指标

如果创建仿真模型的主要目标是解决问题,那么您将需要确定企业应使用的关键指标,以确定其是否尽可能有效地运行。FlexSim 可以为您提供您感兴趣的业务系统的几乎所有统计信息。FlexSim 还使您能够运行实验，了解业务系统的各种变化如何影响您最感兴趣的关键指标。

例如在物流仿真过程中需要了解更换搬运设备的利弊，因此需要通过仿真模型了解以下参数的最小值、最大值以及平均值。并且有可能的话还需要系统能够给出不同场景下的参数输出。

旧机器相对于新机器的生产水平。

与新机器相比，旧机器上单位浪费的原材料减少。

员工在每台旧机器和新机器上操作所花费的时间。

与新机器相比，旧机器发生故障的时间。

因此，在仿真过程中要注意确定哪些关键指标，例如设备的吞吐率、资源消耗水平、加工耗时等。

(四)数据的获取

良好的仿真离不开真实可靠的数据支撑。数据获取的方法有很多，在此主要介绍以下几种形式。

1) 使用历史数据

如果企业已经有成熟的 ERP 系统，将能够从现有的数据中导出所需要的信息。然后，可以使用该数据来确定特定过程或一组过程的适当统计分布。在这一过程中需要收集足够的数据来反映真实业务系统的正常情况。

对于已有数据的精确模型重现或许能够对已有状况进行仿真，而无法更好地展现模型系统的随机性，因此，对于现有数据如果能够从中得到一定的统计分布规律，就可以使用统计分布模型来更好地验证模型的有效性。

2) 耗时调查

在工业工程领域，对任务进行直接和连续的观察，能够确定过程的时间消耗。通过秒表和摄像机能够有效地记录任务完成的时间，从而为模型提供更为可靠的参数依据。

3) 敏感性分析

在获取业务数据时将会消耗较多的时间和金钱，因此首先应考虑使用成本最低的数据获取方法开始构建仿真模型，在有了第一个模型原型后，就可以尝试通过更改它们并监视其对关键指标的影响来测试模型输入(例如客户到达率或处理时间等)。执行完此分析后，就可以知道哪些模型输入对关键指标的影响最大。然后，就可以确定哪些模型输入对模拟项目最有价值。换句话说，就可以知道哪些模型输入可以证明，使用更昂贵的数据收集技术来获取更高质量的数据。

(五)增强模型的可复用性

在模型构建过程中经常会使用一些可重复的模块，因此需要将这些模块转化为自己的用户库，这样在今后相似业务场景的建模中将能够有效地提升工作效率。因此，可以考虑将实现某一特定功能的一组对象装载在一个容器内，并将此容器保存为用户库文件(.fsl)。

如果一个大的模型中需要多人协作，那么将他人的模型组件直接拖入自己的模型中，将是非常高效的工作方法。

总结与思考

　　本章主要介绍了仿真软件 FlexSim 的基本功能与初步应用，通过实际案例了解了仿真软件的基本功能，在后续章节中，将会结合具体的物流系统问题，利用仿真软件找到更为高效与合理的解决方案。

　　在初步体验了仿真软件的功能后，读者能否将自己在工作或学习中遇到的物流系统问题进行概念化建模呢？能够清晰地描述问题，并绘制出问题的流程，就好比在解决数学难题时写出了正确的方程式，至于后续的复杂运算，就可以利用仿真的强大工具来解决了。

 微课视频

　　扫一扫获取本章相关微课视频。

2-1 基础.mkv

第三章 物流系统仿真入门案例

本章以物流仓储中的典型场景为例,构建了从入库、拣选、组托、上架的全过程。通过模型的建立,能够更为直观地感受到仿真对现实系统的模拟。本章的学习能够协助读者在建立模型的过程中进一步了解仿真软件的应用。

第一节 模型描述与需求

当前物流系统的自动化水平逐步提升,通过对从供应商入库到客户订单出库的全过程仿真,能够更为直观地了解物流系统的运行过程。

一、模型系统布局

现实物流场景中,客户对于商品的需求往往通过配送中心来实现。配送中心在接收到客户订单后,根据客户的需求进行拣货和配送,仿真的主要流程如下所述。

按订单拣货流程仿真,利用 FlexSim 软件建立一个包含 3 个供应商、1 个配送中心和 1 个订单待出库区域的模型。每个供应商分别提供不同产品,在配送中心存储,再按客户订单配送货物。系统平面布局如图 3-1 所示。

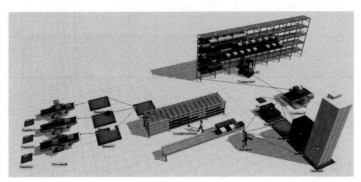

图 3-1 系统布局图概览

二、模型要求

（1）供应商由其原料(箱)输入、处理器和暂存区组成。其中，供应商 1 向配送中心供应两种商品，类型为 1,2；两种商品分别占比 7：3。两种商品原料到达时间服从均值为 25，标准差为 35 的正态分布 normal(25, 35, getstream(current))；供应商 2 向配送中心提供一种商品，类型为 3；其原料到达时间间隔服从离散均匀分布 uniform(20, 28, getstream(current))。供应商 3 向配送中心供应两种商品，类型为 2,4；两种商品分别占比 3：7。其原料到达时间间隔服从指数分布 exponential(0.0, 10.0, getstream(current))。供应商的每箱原料加工时间与产品类型相关，类型 1、2、3、4 加工时间分别为 12 秒、18 秒、20 秒、15 秒，流水线可同时加工最大数量为 2，暂存容量均为 300。

（2）配送中心由接货区、储存区、包装区及发货待运区 4 个部分组成，供应商的商品在暂存区由操作员按照品类放入重力式货架进行分区存储。重力式货架另一端由另一名操作员将商品摆放在传送带上，传送至分拣包装区域。

（3）接收客户订单后，配送中心包装区开始按照订单信息打包，订单如表 3-1 所示。终端销售产品需求清单订单时间点如表 3-2 所示。拣货完成后由叉车将不同订单商品分别存放在发货待运区(货架存储)。

（4）包装区按客户订单和组托清单，将货物装上托盘后，按客户类别送至发货待运区。客户订单如表 3-1 所示重复生成。

表 3-1 客户订单到达

时 间	销售类型	数 量
20	1	1
200	3	1
400	4	1
580	2	1

客户需求组托清单如表 3-2 所示。

表 3-2 客户需求组托清单

	销售类型 1	销售类型 2	销售类型 3	销售类型 4
原料类型 1	2	4	1	3
原料类型 2	4	1	2	1
原料类型 3	3	1	4	2
原料类型 4	1	1	2	3

第二节 模 型 建 模

一、关键参数提取

综合上述资料，所建立的模型提炼出相应关键参数如表 3-3 所示。

表 3-3　关键参数

供应商	原料到达间隔	加工时间	产品类型	仓库容量
供应商 1	normal(25,35,0)	uniform(10,30,0)	1,2(7:3)	300
供应商 2	duniform(20,28,0)	uniform(10,30,0)	3	300
供应商 3	exponential(0.0,10.0,0)	uniform(10,30,0)	2,4(3:7)	300

二、供应商建模步骤

1. 建立基本视图

根据模型要求建立三个供应商来源视图，如图 3-2 所示。

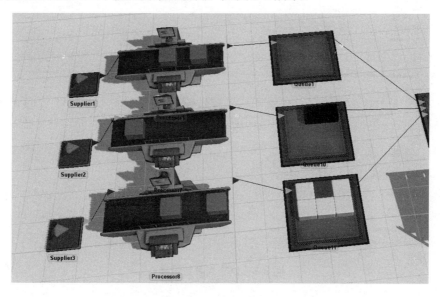

图 3-2　供应商视图

发生器 1，2，3 分别指代供应商 1，2，3。处理器表示供应商的加工过程，暂存区用来将供应商加工好的商品储存待运。

2. 设置参数

(1) 双击发生器，在弹出窗口下的 source 列表到达时间间隔(Inter-Arrival Time)下方分别修改为模型要求的到达方式，同时修改触发器，按照比例创建标签，如图 3-3 所示。

(2) 双击处理器，在弹出选项卡 processor 下找到加工时间(process time)选项，根据模型要求分别设置加工时间参数。加工流水线最大允许同时加工两个，在最大容量选项下修改为 2。

加工时间上使用了"Using Global Lookup Table"，因此，需要先在 Toolbox—Global Table 中创建一个新的全局表 ProcessTime，表内容如图 3-4 所示，表明了每一种产品加工所需要的时间。

图 3-3 供应商参数设置

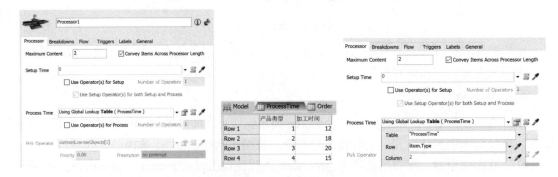

图 3-4 处理器参数设置

之后就可以在 ProcessTime 下拉框中填入全局表名:"ProcessTime"注意,此处一定需要有双引号。Row 指代的为行,Column 为列,意思为通过 item.Type 获取当前加工对象的类型参数,然后查询全局表中相对应的加工时间及在第二列中对应位置的数值。此处的 ProcessTime 是一个值,因此,需要在全局表中找到唯一的一个位置,通过表的行列来进行定位。

通过查看 FlexScript 代码就能够很清楚地知晓其含义(本书第九章详细阐述了 FlexScript

的使用)，如图 3-5 所示。

```
Variant row = /**\nRow: *//***tag:row*//**/item.Type/**/;
Variant col = /**\nColumn: *//***tag:col*//**/2/**/;

double result = table[row][col];

return result;
```

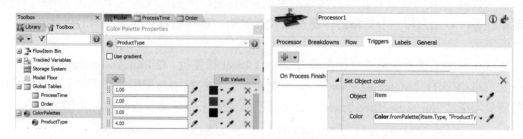

图 3-5　全局表参数代码

(3) 在 Processor 的触发器选项卡中，创建“On Process Finish”触发，即在加工结束以后，设置产品的颜色。此处使用了一个 2020 版的新功能——调色板。在 Toolbox 中创建一个新的 ColorPalettes，选择“Add Color by Number Palette”，将其命名为“ProductType”，以下保持默认，此时就可以对不同类型的产品创建不同的色彩进行区分，如图 3-6 所示。

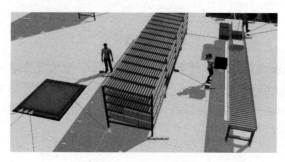

图 3-6　调色板设置

在 Processor 触发器中的 On Process Finish 触发中选择“Set Object Color”，对象选择“item”，color 填入 Color.fromPalette (item.Type, "ProductType")，这样就可以在颜色中引用调色板中的颜色了。其他 Processor 设置相同。

(4) 在暂存区域，填入最大堆存量 300，勾选 Batching 批量功能，此时就可以按照预设的批量整批向下游发送，在视觉上选择在队列中堆码“Stack Inside Queue”，如图 3-7 所示。

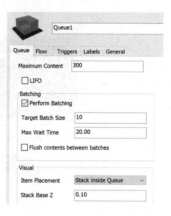

图 3-7　暂存区域设置

三、配送中心建模步骤

1. 建立基本视图

根据模型要求，建立配送中心的接货区、储存区、包装区及发货待运区四个部分，如图 3-8 所示。

图 3-8　配送中心视图

配送中心首先进行接货，由一个操作员拣选产品，并将其按照 item.Type 类型的不同放置在重力式货架的不同区域，在重力货架的出货端，由另一名操作员将其放置在传送带上传送至打包区。

2. 设置参数

(1) 从 Library 中拖入一个暂存区、Gravity Flow 重力式货架、直线传送带以及两个操作员。用 S 连接将两个操作员分别与暂存区、重力式货架相连，并且勾选使用运输工具。布局及逻辑连线见图 3-8。

(2) 对重力式货架进行分区处理。在新版本中提供了 Paint Slot Labels 功能。单击 Warehousing 模块中的"Paint Slot Label"右侧的笔刷，在右侧快速属性中首先选择标签 Type，然后输入数值 1，接着在货架相应的区域用笔刷刷满；然后依次完成其他 Type2、Type3、Type4 的笔刷任务，以此为每一个货格的存储对象预先赋值。这样可以实现在不同的区域存放不同类型的产品。

之后在重力式货架的属性页面打开 Storage Object 标签页，在 Slot Assignment Strategy(货格分配策略)中选择"Matching Labels"，此处是将产品的标签与货格的标签进行匹配存储。同时需要勾选"Slot Must Have Space"以确保产品能够正确存储在货架内，如图 3-9 所示。

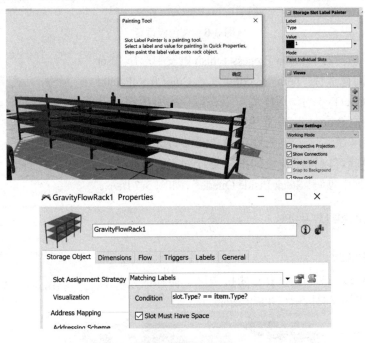

图 3-9 货位设置

(3) 连接重力式货架与传送带。连接之后就会发现在传送带的输入端口处出现一个白色方块，这称为进入位置 Entry Transfer，由于从重力货架搬运到传送带上是在侧边完成的，因此可以拖动 Entry Transfer 到侧边，并且可以拖动其大小，实现在侧边放入。其他保持系统默认设置，如图 3-10 所示。

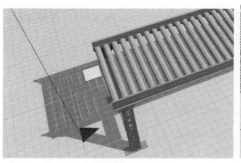

图 3-10 传送带 Entry Transfer 设置

四、分拣出货区建模步骤

1. 模型视图

按照模型要求，建立分拣出货区基本视图，如图 3-11 所示。

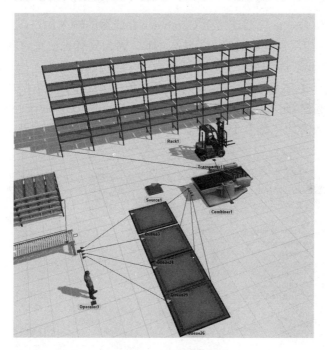

图 3-11 分拣出货区视图

从上端传送带通过 A 连接链接至四个 Queue，设置一个 Source 用于创建客户订单。连接至合成器进行托盘组托，之后通过叉车将订单托盘放置在货架上待运。

2. 设置参数

(1) 设置一个 Source，使用 Arrival Schedule 方式模拟客户订单到达，参数如图 3-12 所示设置，到达类型选择 Arrival Schedule，可移动实体类型为 Pallet 托盘，勾选"Repeat Schedule"，到达时间表参数含义为，分别在 20 秒、200 秒、400 秒、580 秒的时间点到达一份订单，每次订单到达时类型分别为 1、3、4、2，并且该订单顺序重复执行。

在 Triggers 触发器中选择 On Creation 创建触发，选择 Set Color by Case，根据 item.Type 的不同，从调色板中选取相对应的颜色，如图 3-13 所示。

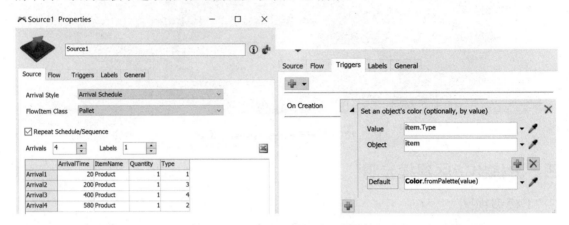

图 3-12　客户订单创建设置　　　　图 3-13　订单颜色设置

（2）将 Source 和 Queue 先后连接至 Combiner 合成器的输入端口。此处需要注意，一定要先将创建的容器连接至合成器的第一号输入端口，因为只有先放置容器，才能够装入产品。

（3）设置组托数量。因为每一个客户订单所包含的产品品种数不一，因此需要再创建一张全局表记录客户订单信息。每一列表明一个订单所包含的产品品种数量信息。之后在 Combiner 触发器中选择 On Entry 触发，选择 Update Combiner Component List，读取全局表"Order"，使用进入时的托盘上 Type 标签值获取组托的信息，并实现动态更新，如图 3-14 所示。

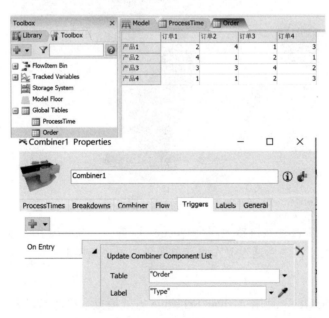

图 3-14　订单组托设置

（4）将合成器 A 连接至货架，S 连接至叉车，勾选"Use Transport"。

（5）货架设置方法和前面的重力货架类似，先使用货位标签刷将不同客户的订单位置进行预先分配，然后进行货位标签和订单(托盘)标签的匹配，实现分区域存储，如图 3-15 所示。

图 3-15　出货区货架设置

至此整个模型建模完成。

总结与思考

在第二节的模型中，虽然已经完成了模型的建模与运行全过程，但是仍需要考虑现实的需求问题，例如：①如何布局才能实现操作人员更短的行走距离？②系统的瓶颈环节会出现在什么地方？③是否需要考虑设备故障、员工休息等因素？④如何描述更加复杂的业务流程？等等。

上述问题需要在现实工作过程中发现，并将问题进行符合逻辑的表达。在后续的章节中，将会使用具体的案例来深化研究物流系统的仿真应用。

微课视频

扫一扫获取本章相关微课视频。

3-1 入门案例.mkv　　3-2 入门案例.mkv　　3-3 入门案例.mkv

第四章 MTS 与 MTO 的仿真实现

在不断增加的成本与服务的压力下,企业必须注重于精益高效的供应链体系构建,以维持自身的竞争力。具体到生产运营和库存领域,需要考虑如何在维持最少库存的前提下保证生产经营的稳定性。当前企业在市场订单驱动的环境下,多以订单拉动模式来响应市场需求,以期能够尽可能减少浪费,响应客户的独特需求。

本章围绕着面向库存生产(MTS,Make-To-Stock)和面向订单生产(Make-To-Order)两种模式展开仿真研究,以帮助生产经营决策者更好地制定生产与库存方案。

第一节 MTS 与 MTO 的概念

在企业生产过程中,选择何种生产模式与产品的数量、种类、客户要求的提前期等因素直接相关。如图 4-1 所示。

图 4-1 MTS 与 MTO 模式的比较

按库存生产(MTS)策略又称为备货型生产模式,是在对市场需求量进行预测的基础上,进行有计划的生产,备有成品库存。在生产管理中,主要做好供产销之间的衔接,以生产批量为基础进行各个环节之间的能力平衡,保障生产计划的完成。在 MTS 模式下,客户的定制化需求满足程度很低,通常是进行标准化、批量化生产,重点在于如何提升生产效率。

由于备有产成品库存,因此在响应客户的订货提前期上时间较短,能够快速满足市场需求。适应于产品需求较稳定,通用性、标准化产品的供应模式。

按订单生产(MTO)策略是根据客户订单的需求量和交货期要求进行生产排程,实现在低库存条件下响应市场的个性化、小批量需求。在当前市场竞争加剧,企业逐渐从标准化产品的价格竞争发展到市场的高度细分,在细分市场上满足不同客户的差异化需求,以客户订单为驱动力进行产品的生产,以最大化降低由于市场预测不准确所带来的风险。对于具有高度定制化需求的产品,采取 MTO 模式更为合适。

第二节 MTS 模型建模

一、案例描述

在一家生产企业中,以 MTS 的形式组织生产。最终的产成品有 3 种,每种产品有各自的 BOM 物料清单,产品信息如表 4-1 所示。

表 4-1 MTS 产品信息

产 品	生产时间	销售价格(元)	原 料	需求数量	储存成本(元/年)
A	5	2000	1	2	600
			2	5	
			3	4	
B	4	1950	1	3	585
			3	2	
			4	5	
C	6	1300	2	1	390
			4	3	
			5	3	

企业有三台处理器,均能够加工 A、B、C 三种产品,处理器的工时费率为 100 元。三种产品一共需要 5 种原料,采用定量订货的形式补充库存,原料价格含运费,每次订货的固定成本为 500 元,原料信息如表 4-2 所示。

表 4-2 MTS 原料信息

原 料	原料单价(元)	最大库存量	再订货点	储存成本(元/年)
1	200	200	40	60
2	80	300	60	24
3	30	500	100	9
4	50	500	100	15
5	70	400	80	21

客户订单到达符合指数分布 exponential(0, 120),3 种商品需求量比例约为 30%、40%、30%。

二、建模流程

1. 原料订货以及库存

如图 4-2 所示,从 Library 中拖入 5 个 Source 用于产生各种原料,分别命名为 Material1、

Material2、Material3、Material4、Material5，拖入 5 个 Queue 作为各种原料的缓存库，分别命名为 MaterialQueue1、MaterialQueue2、MaterialQueue3、MaterialQueue4、MaterialQueue5。将 Source 与 Queue 按照名称分别进行 A 连接。

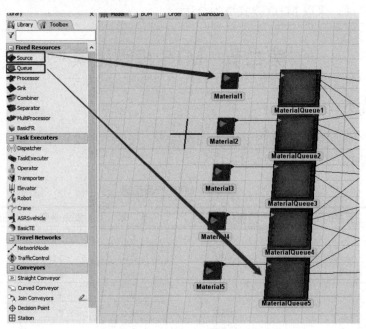

图 4-2　原料产生及缓存

双击打开"Material1"的属性框，如图 4-3 所示添加一个 On Creation 触发器，选择 Data→Set Label and Color，在 item 产生时为 item 创建一个值为"1"的标签"Type"，并设置 item 的颜色，将 Inter-Arrivaltime 设置为 0。对 Material2、Material3、Material4、Material5 执行同样的添加标签及设置颜色操作，值依次为 2、3、4、5，Inter-Arrivaltime 全部为 0。

如图 4-4 所示，为 MaterialQueue1～5 分别在 Labels 选项卡中添加标签，勾选"Automatically Reset Labels"用于在重置模型时重置标签值。标签含义及标签值如表 4-3 所示。

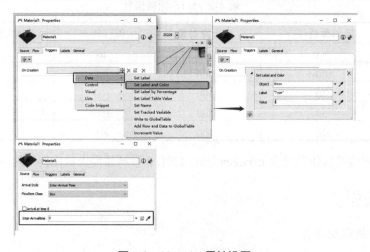

图 4-3　Material 属性设置

表 4-3 MaterialQueue 标签含义及标签值

标 签	含 义	值
OrderingPoint	再订货点	表 4-2 第四列
MaxStock	最大库存量	表 4-2 第三列
OrderNums	订货次数	初始值为 0，随模型运行变化
OrderCost	订货费用	初始值为 0，随模型运行变化

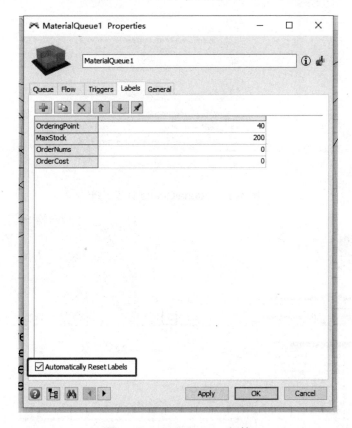

图 4-4 MaterialQueue 标签

为每个 MaterialQueue 添加一个 On Entry 触发器，如图 4-5 所示选择 Control→Close and Open Ports 设置相关参数，Condition 选项中输入代码：current.subnodes.length == current.MaxStock。该触发器实现了 MaterialQueue 中 item 数量达到最大库存量时关闭 MaterialQueue 的临时实体入口，不再进入 item。为每个 MaterialQueue 添加一个 On Exit 触发器，选择 Control→Close and Open Ports 设置相关参数，Condition 选项中输入代码：current.subnodes.length == current.OrderingPoint。单击图标 打开 On Exit 触发器的代码编辑框，在如图 4-6 所示的第 12 行添加代码：

```
current.OrderNums += 1;
current.OrderCost = current.OrderNums*500;
```

该触发器实现了 MaterialQueue 中 item 数量达到再订货点时打开 MaterialQueue 的临时实体入口，以实现订货逻辑并记录订货次数和订货成本(因为 Source 的 item 产生时间间隔为 0，所以在这个模型中不考虑订货提前期,打开 MaterialQueue 的临时实体入口时即订货完成)。

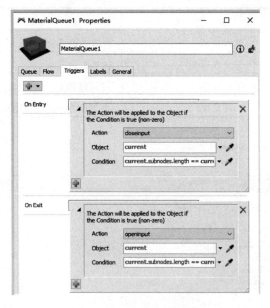

图 4-5　MaterialQueue 订货逻辑

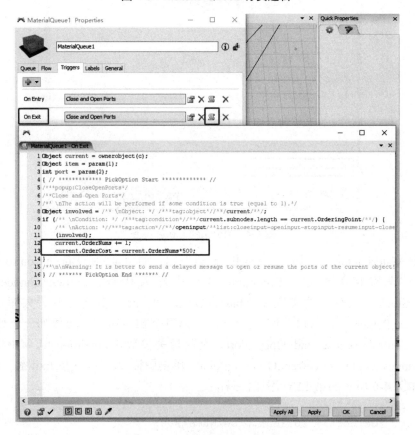

图 4-6　MaterialQueue-On Exit

2. 原料加工

从 Library 中拖入 1 个 Source，命名为 Product，用于产生 Pallet 与 Combiner 实现生产加工的过程。打开 Product 的属性框，在 FlowItem Class 下拉框中选择 Pallet，将 Inter- Arrivaltime 设置为 0。由于顾客对三种产品的需求比例约为 30%、40%、30%，所以让 Product 按此比例产生 3 种不同的 item。如图 4-7 所示，添加一个 On Creation 触发器，选择 Data→Set Label by Percentage，以 30%、40%、30%的比例为 item 添加值为 1、2、3 的标签"Type"，单击➕再添加一个代码块，选择 Visual→Set Color By Case。

图 4-7　On Creation 触发参数设置

添加一个如图 4-8 所示的 Global Table，命名为 BOM，作为产品加工的 BOM 全局表。

	产品A	产品B	产品C
原料 1	2	3	0
原料 2	5	0	1
原料 3	4	2	0
原料 4	0	5	3
原料 5	0	0	3

图 4-8　产品 BOM 全局表

从 Library 中拖入 3 个 Combiner 作为加工用的处理器，按如图 4-9 所示将 Product、Material1、Material2、Material3、Material4、Material5 依次与 Combiner A 连接。

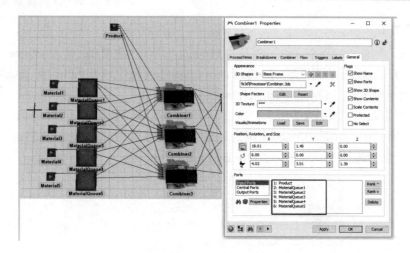

图4-9　合成器输入连接

双击打开Combiner属性框,如图4-10所示,在Process Time选项中选择"Values By Case",根据表4-1设置不同产品的加工时间。在Send To Port选项中选择"Port By Case",根据产品的类型将产品发往不同的下游出口。添加一个On Entry触发器,选择"Update Combiner Component List"设置相关参数,使Combiner根据产品的类型更新Components List。

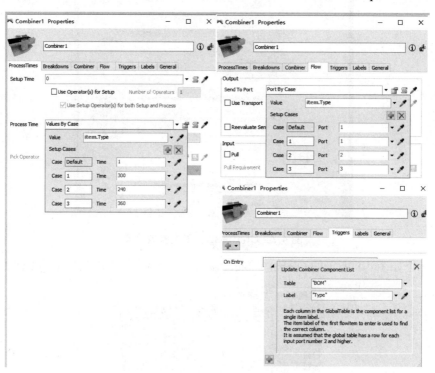

图4-10　合成器参数设置

3. 产品储存和销售

从Library拖入3个Queue,分别命名为ProductQueue1、ProductQueue2、ProductQueue3,作为产品缓存。如图4-11所示,将Combiner与ProductQueue依次A连接。

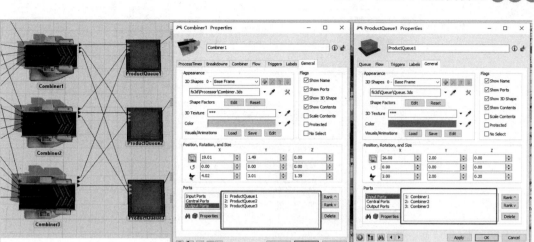

图 4-11 产品存储与销售环节连接设置

从 Library 中拖入 1 个 Source 命名为 Customer，用与产生 Pallet 实现顾客到达。打开 Customer 的属性框，在 FlowItem Class 下拉框中选择 Pallet，Inter-Arrivaltime 设置为指数分布 exponential(0, 120, getstream(current))。由于顾客对 3 种产品的需求比例约为 30%、40%、30%，所以让 Product 按这个比例产生 3 种不同的 item。添加一个 On Creation 触发器，选择 Data→Set Label by Percentage，以 30%、40%、30%的比例为 item 添加值为 1、2、3 的标签"Type"，单击➕再添加一个代码块，选择 Visual→Set Color By Case。

拖入 1 个 Queue，命名为 CustomerQueue，作为顾客缓存。将 Customer 与 CustomerQueue "A"连接。

创建一个如图 4-12 所示的 Global Tables，命名为"Order"，作为顾客订单。

	订单 1	订单 2	订单 3
产品 1	1	0	0
产品 2	0	1	0
产品 3	0	0	1

图 4-12 订单需求全局表

拖入 1 个 Combiner，用于实现根据顾客需求的产品类型消耗 ProductQueue 中的产品。将 CustomerQueue 与 CombineA 连接，单击打开属性框，将 Process Time 设置为 0，如图 4-13 所示，创建一个 On Entry 触发器，选择 Update Combiner Component List 设置相关参数。

拖入 1 个 Sink，将用于产品消耗的 Combine 与 Sink 进行 A 连接。

将 ProductQueue1、ProductQueue2、ProductQueue3 依次与用于产品消耗的 CombineA 连接，最终连接顺序如图 4-14 所示。

4. 订货固定成本

从 Library 中拖入 5 个 Text，用于显示订货固定成本。在 Text Display 选项中选择"Display Label Value"，相关参数设置如表 4-4 所示。

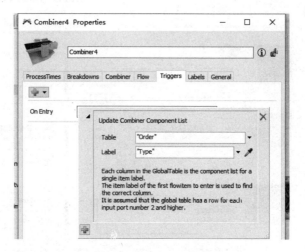

图 4-13　更新订单列表

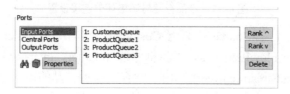

图 4-14　Combiner 连接顺序

表 4-4　成本看板设置

	Text	Object	Label
Text1	Material1 OrderCost:	MaterialQueue1	OrderCost
Text2	Material2 OrderCost:	MaterialQueue2	OrderCost
Text3	Material3 OrderCost:	MaterialQueue3	OrderCost
Text4	Material4 OrderCost:	MaterialQueue4	OrderCost
Text5	Material5 OrderCost:	MaterialQueue5	OrderCost

至此模型 3D 部分建立完毕，整体布局如图 4-15 所示，重置并运行模型。

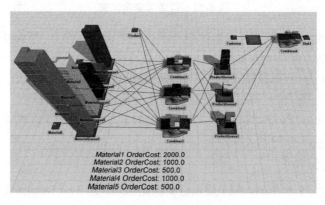

图 4-15　模型整体布局

三、Dashboard 仪表板设置

模型建立完毕后可通过 Dashboard 直观地展示模型的运行情况。从 Toolbox 中添加一个 Dashboard，如图 4-16 所示，左击 MaterialQueue1，在右边的快捷属性栏中展开 Statistics，再左击 Content 右边的"图钉"图标选择 Pin to Dashboard→Content vs Time，将 MaterialQueue1 的容量随时间变化的折线图添加到 Dashboard 中。

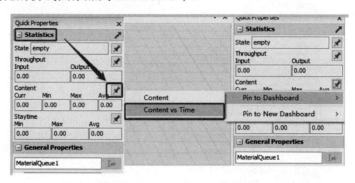

图 4-16　Dashboard 添加方式

双击刚刚添加的统计图打开属性面板，按图 4-17 所示重命名为"原料库存"，单击 Data Source 右边的"…"打开数据收集器，使用吸管工具将 MaterialQueue2、MaterialQueue3、MaterialQueue4、MaterialQueue5 添加到数据收集器中，吸取 MaterialQueue，选择 On Content Change 并设置相关参数。使用同样的方法在 Dashboard 中添加 ProductQueue1、ProductQueue2、ProductQueue3 的 Content vs Time 统计图，将统计图命名为"成品库存"。

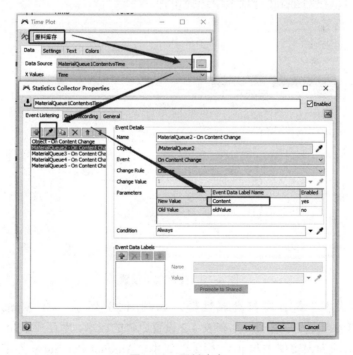

图 4-17　原料库存

如图 4-18 所示，从 Dashboard 的 Library 中拖入 3 个 Financial Analysis，分别命名为"生产成本""库存成本""销售额"。

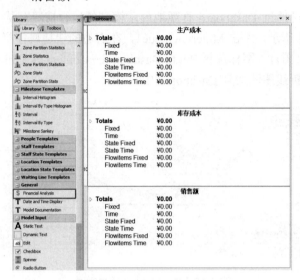

图 4-18　Financial Analysis

双击"生产成本"统计图打开属性框，如图 4-19 所示。使用吸管工具将 3 个作为加工处理器的 Combiner 添加进来，在 Object Values 选项中为每个 Combiner 设置 100 元每小时的工时费成本。

Object Values 选项中的"Fixed"为该实体的固定成本，"Amount Per Time"为随时间变动的可变成本。可以在 General 选项卡中选择币种。

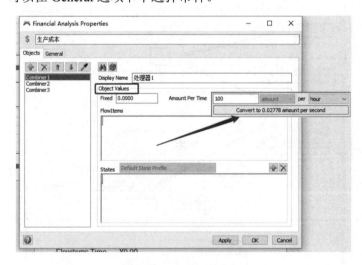

图 4-19　生产成本设置

双击"库存成本"统计图打开属性框，如图 4-20 所示。将 MaterialQueue1～5、ProductQueue1～3 添加进来。按表 4-1 和表 4-2 设置原料的成本、库存成本和产品的库存成本。

Flow Items 选项为该实体中与 item 相关的成本，Amount Per Entry 为进入到该实体的每个 Item 的固定成本(原料单价)，Amount Per Time 为该实体中每个 Item 随时间变化的可变成本(储存成本)。

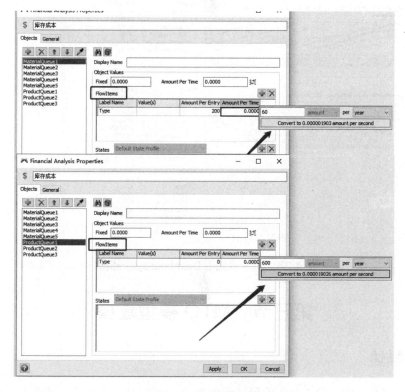

图 4-20 库存成本设置

双击"销售额"统计图打开属性框，按图 4-21 所示，使用吸管工具将 Sink 添加进来，根据表 4-1 设置每种产品的销售额。

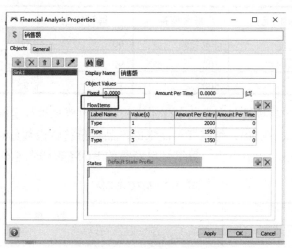

图 4-21 销售额设置

至此，Dashboard 建立完毕，运行模型并观察运行情况，如图 4-22 所示。请问企业应该如何进行生产决策？通过修改仿真模型得出结论。

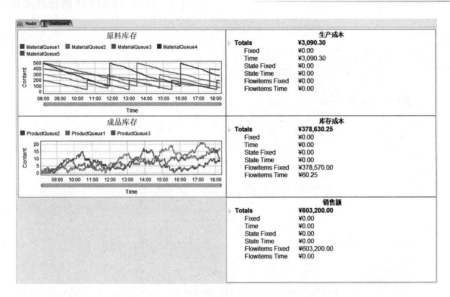

图 4-22　MTS 模式下 Dashboard 运行情况

第三节　MTO 模型建模

一、案例描述

在一家生产企业中，以 MTO 的形式组织生产。一共有 3 种原料，采用定量订货的形式补充库存，原料价格含运费，每次订货的固定成本为 500 元，原料信息如表 4-5 所示。

表 4-5　MTO 原料信息

原　料	原料单价(元)	最大库存	再订货点	年储存成本(元/年)
A	200	200	60	60
B	80	300	90	24
C	30	500	150	9

每次订单需求的产品数量和产品的 BOM 表根据订单要求进行定制。客户订单到达符合指数分布 exponential(0, 10000)，每笔订单需求的产品数量符合指数分布 exponential(0, 100)。成品按其消耗原料价格的 2 倍出售。每笔订单商品的 BOM 表如表 4-6 所示。

表 4-6　MTO-BOM

原　料	数　量
A	duniform(1,3)
B	duniform(1,4)
C	duniform(1,5)

企业有 3 台处理器，均能够加工定制产品，处理器的工时费率为 100 元，每种产品的加工时间为 5 分钟。

二、建模流程

1. 原料订货以及库存

从 Library 中拖入 3 个 Source 用于产生各种原料，分别命名为 Material1、Material2、Material3，拖入 3 个 Queue 作为各种原料的缓存库，分别命名为 MaterialQueue1、MaterialQueue2、MaterialQueue3。将 Source 与 Queue 按照名称分别进行 A 连接。

将 Material1～3 的 Inter-Arrivaltime 设置为 0，添加一个 On Creation 触发器，选择 Data→Set Label and Color，在 item 产生时为 item 创建标签"Type"并设置 item 的颜色，标签值分别为 1、2、3。

为 MaterialQueue1～5 分别在 Labels 选项卡中添加标签，勾选 Automatically Reset Labels 用于在重置模型时重置标签值。标签含义及标签值如表 4-7 所示。

表 4-7 MTO-MaterialQueue 标签

标 签	含 义	值
OrderingPoint	再订货点	表 4～5 第四列
MaxStock	最大库存量	表 4～5 第三列
OrderNums	订货次数	初始值为 0，随模型运行变化
OrderCost	订货费用	初始值为 0，随模型运行变化

2. 订单产生

如图 4-23 所示，从 Library 中拖入 1 个 Source 命名为"OrderSource"、2 个 Queue 分别命名为"Queue1"和"OrderQueue"、1 个 Separator。按 OrderSource、Queue1、Separator、OrderQueue 的顺序进行 A 连接。

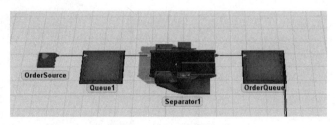

图 4-23 订单到达

双击 OrderSource 打开属性框，将 Inter-Arrivaltime 设置为 exponential(0,10000, getstream(current))，添加一个 On Creation 触发器，选择 Data→Set Label 添加一些标签，标签的名称、含义和标签值如表 4-8 所示。

表 4-8 OrderSource 标签设置

标签名	含 义	标 签 值
Type	类型	1
OrderNums	该订单需求的产品数量	exponential(0, 100, getstream(current))

续表

标 签 名	含 义	标 签 值
BOM1	原料 1 需求数量	duniform(1,3,getstream(current))
BOM2	原料 2 需求数量	duniform(1,4,getstream(current))
BOM3	原料 3 需求数量	duniform(1,5,getstream(current))
Price	商品售价	(item.BOM1*200+item.BOM2*30+item.BOM3*80)*2

双击 Separator 打开属性框，按如图 4-24 所示在 Separator 选项卡中勾选"Split"，在 Split/Unpack Quantity 中编写自定义代码，根据 item 的标签"OrderNums"将当前的 item 分解，代码如下：

```
/**Custom Code*/
Object item = param(1);
Object current = ownerobject(c);
int ordernums = item.OrderNums;
return ordernums;
```

添加一个新的三行一列的 Global Table，命名为"BOM"。双击 OrderQueue 打开属性框，添加一个 On Exit 触发器，按如图 4-25 所示设置相关参数，在 Item 离开 OrderQueue 时更新"BOM"。

图 4-24　Separator 分解模式

图 4-25　OrderQueue-On Exit 设置

3. 生产加工

从 Library 中拖入 3 个 Combiner 作为生产加工处理器，按如图 4-26 所示将 OrderQueue、Material1、Material2、Material3 依次与 Combiner A 连接，注意连接顺序。

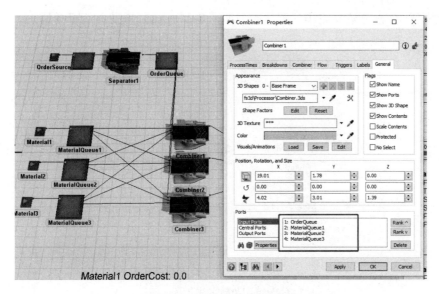

图 4-26　MTO-Combiner 设置

将 Combiner1～3 的 Process Time 设置为 300，添加一个 On Entry 触发器，选择 Update Combiner Component List，根据 Global Table "BOM" 和 item.Type 更新合成列表。

添加一个一行一列的 Global Table，命名为 "sales"，用于储存当前的总销售额。在 "sales" 右边快捷属性栏的 On Reset 触发器中选择 Clear All Cell Data，如图 4-27 所示，为 Combiner1～3 添加一个 On Exit 触发器，选择 Data→Write to Global Table，设置相关参数，在 Value 选项中选择 "table[row][column]+1"，然后将 "1" 替换为 item.Price。

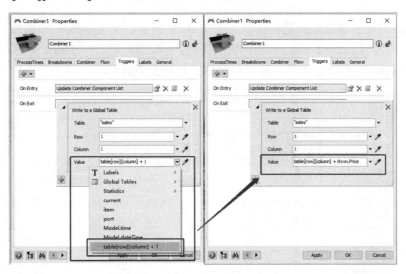

图 4-27　Combiner-On Exit 设置

拖入一个 Sink，将 Combiner1～3 与 SinkA 连接。

4. 订货固定成本看板设置

从 Library 中拖入 3 个 Text，用于显示订货固定成本。操作方式与 MTS 模型相同。

至此模型 3D 部分建立完毕，整体布局如图 4-28 所示，重置并运行模型。

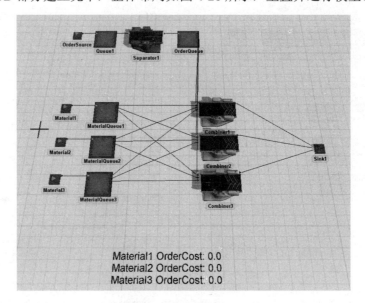

图 4-28　MTO 模型整体布局

三、Dashboard 仪表板

模型建立完毕后可通过 Dashboard 直观地展示模型的运行情况。从 Toolbox 中添加一个 Dashboard，用与 MTS 模型相同的方法添加"原料库存""生产成本"和"库存成本"的统计图表。

使用折线图展示销售额的变化情况，如图 4-29 所示。从 Toolbox 中添加一个 Statistics Collector，命名为"Value_of_Sales"，使用吸管工具，吸取 3D 模型中的 Sink 并选择"On Entry"。Statistics Collector 是数据收集器，用于在模型运行时收集数据。

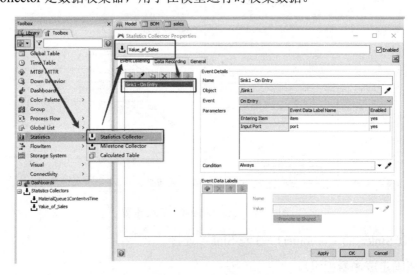

图 4-29　数据收集器

如图 4-30 所示，切换到 Data Recording 选项卡，在 Columns 中添加 2 个数据，分别命名为"Time"和"Sales"，设置相关参数。数据收集器会在 Sink 每次进入 item 时，记录当前的模型运行时间和总销售额。

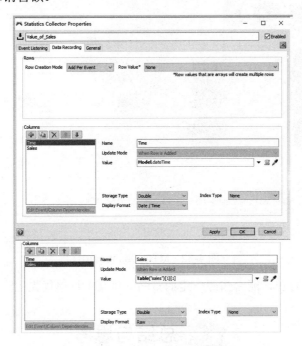

图 4-30　数据收集器参数设置

单击 Dashboard，如图 4-31 所示。从 Library 中拖入一个自定义时间序列图 Time Plot，命名为"销售额"，在 Data Source 选项中选择刚刚添加的"Value_of_Sales"，在 X Values 选项中选择"Time"，在 Y Values 选项中选择"Sales"。切换到 Settings 选项卡，在 Draw Style 选项中选择"Line"。

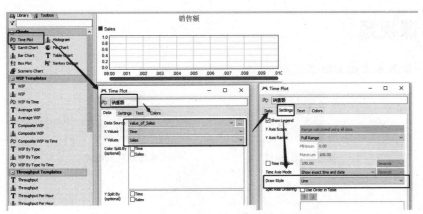

图 4-31　销售额统计折线图设置方法

至此，Dashboard 建立完毕，运行模型并观察运行情况，如图 4-32 所示。

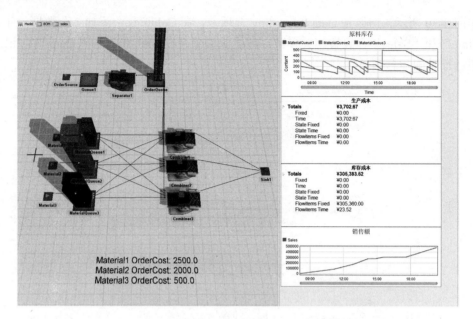

图 4-32 MTO-Dashboard

如果同时有多个订单,能否按照一定的策略安排某个订单优先生产?做出仿真模型。

总结与思考

本章着眼于如何实现最大化生产效益的目标,对比实际生产中常见的两种方式,可以有效地帮助决策者选择贴合自己实际的方式。

读者能从本章的应用场景中更加真实地感受到仿真的应用价值,解决实际问题的方式,并可以通过修改定制方法使仿真更加贴合实际。

微课视频

扫一扫获取本章相关微课视频。

4-2 MTS.mp4

4-3 MTO.mp4

第五章 物流输送系统建模与仿真

在物流系统中,输送机是最常使用的自动化设备,企业里的生产流水线、物流中心的分拣线、机场里的行李输送系统等均采用了这种自动化的输送设备。

自动化输送设备的安装与调试往往需要花费大量的成本,对现有的输送系统进行更新或者调整的代价也非常高,因此,通过仿真手段,能够对物流输送系统进行事前规划,最大化系统的吞吐量,减少系统的瓶颈以及等待时间。

现代的自动输送系统可以实现大量自动化功能,例如采用光电传感器进行产品的检测,通过自动化逻辑控制进行输送对象的交通控制,在传送带上实现转向等自动化的功能,以更好地实现无人化自动输送,极大地降低了物流系统中的人力成本。对于时效性要求高、批量稳定的物流中心来说,自动化输送系统是提升效率的关键。

第一节 输送线系统介绍

一、自动化输送线的认识

输送线是完成物料输送任务的主要设备。近年来,随着自动化设备以及各种传感器技术的大规模运用,自动化输送线逐渐成为物流短距离搬运作业的重要设备。

物流输送线是指利用电气自动控制技术,通过自动识别设备按照预设逻辑将待搬运对象准确地输送到预定位置的设备系统。

常用的输送线系统包括滚筒输送线、链板式输送线、皮带输送线等主要形式,用于完成不同产品空间的转移任务。

对于物流系统的分析与设计者,需要了解输送线的主要功能以及性能参数,从物流系统设计布局的角度理解和应用输送线系统,并通过仿真手段测试输送系统的运行逻辑以及吞吐效率。

二、输送模块功能简介

在 FlexSim 中,提供了 Conveyor 模块,将所有输送机相关的功能进行了集中。如图 5-1

所示。同时在 Toolbox 中提供了 Conveyor System 功能，可以对系统中所用到的输送系统对象的类型进行预先定义，以后可以进行直接调用。

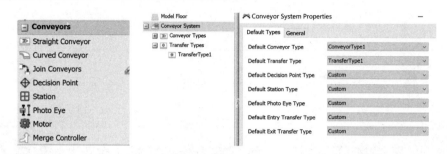

图 5-1　输送机模块功能

在输送系统中最重要的几个概念阐述如下。

系统可以提供两种类型的输送机，即直式输送机(Straight Conveyor)和弯式输送机(Curved Conveyor)。二者能够模拟现实系统中所使用的输送机基本形式。例如在模拟螺旋输送机时，就需要使用弯式输送机。

在输送机进行连接时，会使用 Join Conveyor 输送机连接工具，将两段直式输送机建立弯曲连接，如图 5-2 所示。

决策点(Decision Point)在系统中简写成 DP，决策点将逻辑构建到输送机系统中。它能够通过条件触发的方式，实现对输送线的控制，并且能够决定可移动实体的流向，如图 5-3 所示。

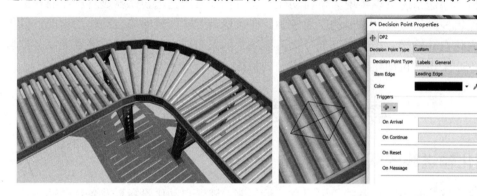

图 5-2　输送机连接方式　　　　　图 5-3　决策点

工作站(Station)可以将处理点添加到输送线上。它的工作方式类似于处理器，不同之处在于，它是输送线上的一个点，而不是输送系统外部的处理器。当可移动实体到达工作站时，系统需要优先判断是否需要进行处理，如果需要处理，则表现为在此站点上的时间占用，并且可以根据不同的触发条件实现相应的动作，如图 5-4 所示。

光电传感器(Photo Eye)的功能与决策点相似。它们都可充当传送带上的传感器。但是，决策点仅会在可移动实体到达时触发，但光电传感器和现实中一样，可以有更多的触发条件，并且可以实现连续扫描，如图 5-5 所示。

电机(Motor)可以控制输送机在一定的时间内是启动还是暂停状态。同时在悬挂型积放式输送机(Power and Free Conveyor)的模拟中用于同步挡块之间的间隔(Dog Gaps)，如图 5-6 所示。

合流控制器(Merge Controller)用于控制不同的输送机上的可移动实体如何进行合流控

制,它可以用来定义不同的传送带可移动实体释放的策略,如图 5-7 所示。

图 5-4 工作站　　　　　　　　　　　图 5-5 光电传感器

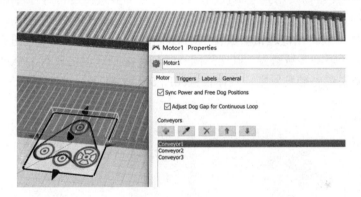

图 5-6 电机

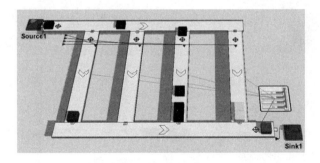

图 5-7 合流控制器

转移点(Transfer Point)建立了可移动实体进入或离开输送系统的实际物理位置,如图 5-8 所示。但是在 Library 中并没有提供这一对象,而是在建立固定实体连接以及传送带合并的过程中自动创建。与其他固定实体的输入输出端口不同的是,TransferPoint 指定了物理出口位置,可以在传送带的指定位置实现输入和输出。在 Exit Transfer 中,可以使用运输工具搬运可移动实体到指定的输出端口。同时还可以根据预测位置执行搬运任务,满足实际仿真任务的需求。

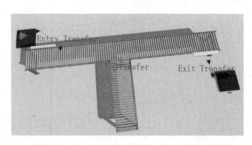

图 5-8 转移点

值得注意的是，与其他固定实体不同，传送带对象可以使用全局类型，在进行较大规模的仿真实践时，如果使用数量与种类较多的传送带，只需要在 Toolbox-Conveyor System-Conveyor Type 中定义不同类型的传送带，就可以调用，后续进行参数修改以及逻辑调整就可以一次性完成，极大地提高了仿真的效率，降低了出错概率。

传送带系统中经常需要用到逻辑控制，特别是对于多条传送带进行合流时，如果不加控制地传送，会导致可移动实体出现拥挤和碰撞等现象，从而引发系统故障，因此，需要使用 DP 中的限制区域功能。在传送带上放置 3 个 DP，DP1 和 DP2 需要使用进入限制区域触发，在 DP3 中设置离开限制区域触发。以保障同一时刻在限制区域内仅有 1 个对象可以进入。而 DP1 和 DP2 遵循先到先触发原则。具体设置如图 5-9 所示。

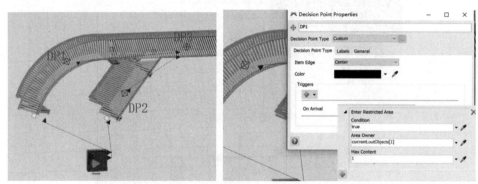
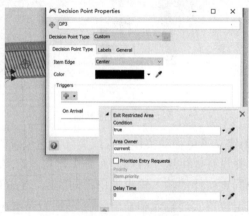

图 5-9 决策点控制逻辑

第二节　快递中转场仿真建模

一、场景信息

在一个快递中转场，每小时都会有快递车辆到达，车上装载有待配送的快件，每车的装载数量为 800 件。

作业流程如下所述。

(1) 接货人员将车厢内的快件逐一放置在传送带上，确保条码可以被扫描到。

(2) 条码扫描光电传感器在获得快件地址信息后决定分派到不同的区域，本中转场负责五个区域。

(3) 操作人员将传送带上的快件放置在待运区域，每小时由本区域配送车辆取走快件。

(4) 所有快件中有 1%的条码无法被传感器识别，需要人工进行识别与处理。

(5) 该中转场共有六名员工，每工作两小时需要休息 50~100 秒，中午 12:00~12:30 为午休时间，下午 18:00~18:30 为休息时间。

建立的模型如图 5-10 所示。

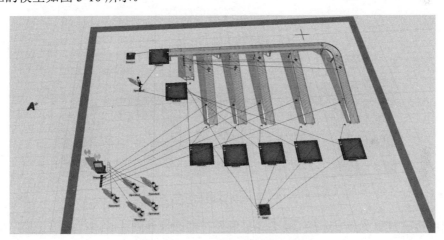

图 5-10　快递中转场输送线布局

二、分步建模流程

(1) 建立如图 5-10 所示的 3D 模型。

(2) 在 Source 中使用计划到达，使用 repeat schedule，首次到达是 0 时刻，第二次到达是 3600 秒时刻，此时执行重复计划，因此，在 3600 秒时刻会重复 0 时刻的到达。在触发器中创建 Type 标签，产生五种类型的快件，如图 5-11 所示。

(3) 在 Queue1 中设置有 1%的条码标签不能正常识别。因此，创建标签名为 barcode，99%的值为 1，剩下 1%的值为 2，如图 5-12 所示。

(4) 在传送带的进入端放置光电传感器。光电传感器分别连接至下游 6 个 DP，如图 5-13 所示。

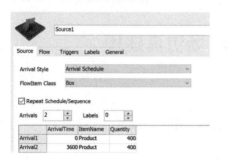

图 5-11 快件到达设置

图 5-12 标签设置

图 5-13 光电传感器与决策点连接

在光电传感器触发器中选择 On Cover 触发，即在快件到达时进行条码扫描，如图 5-14 所示。

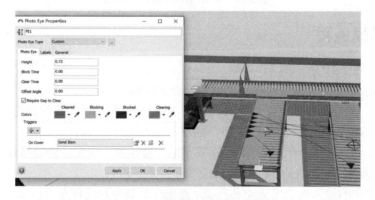

图 5-14 光电传感器触发设置

在发送可移动实体时采用条件判断，代码如图 5-15 所示。

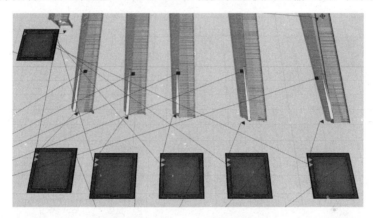

```
1 Conveyor.DecisionPoint current = param(1);
2 Object item = param(2);
3 Conveyor conveyor = param(3);
4 Conveyor.Item conveyorItem = conveyor.itemData[item];
5
6
7 /************* PickOption Start *************\\
8 /***popup:Conveyor_SendItem*/
9
10
11 if (item.barcode == 1) //条件判断：进入的 item.barcode 标签为 1，该条件为真时，执行下面大括号中的代码
12    {
13
14
15    treenode newDest = current.outObjects[item.Type];//定义树节点变量为当前的输出端口号，由 item.Type 得到
16
17    Conveyor.sendItem(item, newDest);//执行发送可移动实体到 item.Type 所对应的输出端口
18    }
19    else
20    Conveyor.sendItem(item,current.outObjects[6]); //如果 item.barcode 标签值不为 1，把可移动实体送至 6 号输出端口
21
22 //******* PickOption End *******\\
23
```

图 5-15　On Cover 触发代码

（5）在 6 个传送带出口位置分别放置 Queue，建立端口连接。Exit Transfer 可以根据需要放置在侧边，并拖动至合适位置。Exit Transfer 需要设置使用运输工具，如图 5-16 所示。

图 5-16　出口 Exit Transfer 设置

对于 5 种快件存放的 Queue，设置批量作业。目标批量大小为 400，最长等待时间为 3600秒。并且创建从 Queue 到 Sink 的 A 连接，如图 5-17 所示。

图 5-17　批量作业设置

（6）卸货作业：使用 1 个 Operator 作为卸货以及异常处理人员。分别与 2 个 Queue 建立 S 连接。由于卸货任务具有更高优先级，因此需要设置优先级 Priority 为 1，Preemption 先占为 "Preempt only"，如图 5-18 所示。

图 5-18 卸货人员设置

在处理异常的 Queue 中,首先应将出口分别连接至 5 个不同 type 快件的输入端口。并且在 Send To Port 中设置"Port By Case",根据 item.Type 的不同分别送至对应的 Queue,如图 5-19 所示。

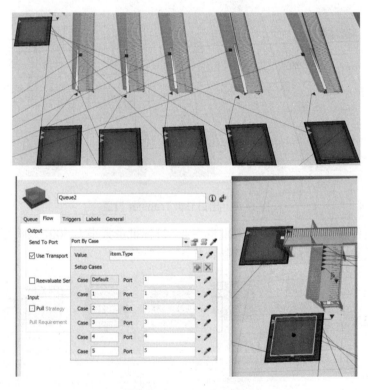

图 5-19 输出端口设置

(7) 使用任务分配器 Dispatcher,将 5 个 Exit Transfer 进行 S 连接,任务分配器建立与 5 个 Operator 的 A 连接。如图 5-20 所示。

在任务分配策略上,可以尝试不同任务分配策略形成的不同结果。此处以最短队列进行任务分配,如图 5-21 所示。

(8) 框选(按住 Ctrl 键,拖动鼠标选择对象,此时对象外框变为红色)所有的 Operator,单击鼠标右键,在弹出菜单中选择"Object Groups",选择创建新群组"Add to new groups",

并将此群组命名为"OP",如图 5-22 所示。

图 5-20　操作人员设置

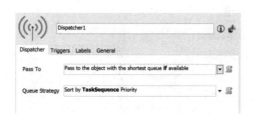

图 5-21　最短队列任务分配方案

图 5-22　操作员群组创建

(9) 双击任何一个 Operator,在弹出的属性菜单中选择 Breaks 中断标签页,选择"Add new MTBF MTTR",用于创建故障模式以及恢复模式。单击 Edit,在 Members 标签页中选择 Operators,此时就可以将所有的 Operator 加入。除此之外,还可以在 Group 中选择刚才创建的 OP 群组。在 Functions 标签页中,对于首次故障时间、停机时间以及恢复时间进行相应的参数设置,如图 5-23 所示。

图 5-23　操作员 MTBF/MTTR 设置

(10) 创建时间表。和上一步骤类似,在 Breaks 标签页中添加 Time Table,并选择 Edit,设定休息时间段,如图 5-24 所示。

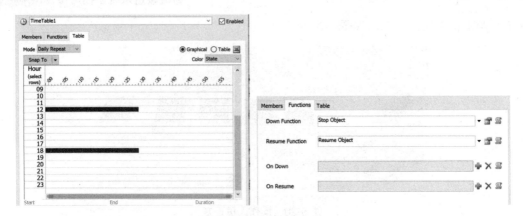

图 5-24　操作员时间表设置

(11) 在 Library 中选择 A* Navigation 模块，添加 A* Navigator 到模型中。此处主要用于解决 Operator 穿越传送带等固定实体的行为。在 Traveler Members 中选择 OP 群组，在 FR Members 中选择不应穿越的固定实体，如图 5-25 所示。

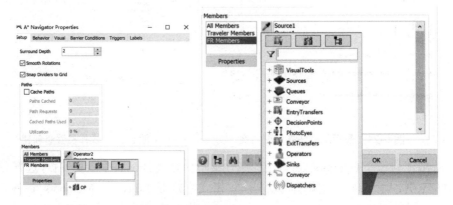

图 5-25　A-Star 避障设置

(12) 在 A* Navigator 中勾选"Show Heat Map"，如图 5-26 所示，模型运行后就能够看到 Operator 行走过程中的热力图，如图 5-27 所示。

图 5-26　A-Star 热力图设置

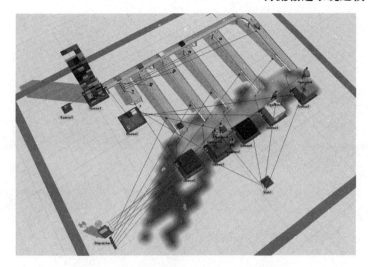

图 5-27 带有避障功能的模型运行展示

通过该模型的建模，能够对该系统的吞吐能力进行分析，之后可以通过后续章节所介绍的可视化图表(Dashboard)获得模型运行的具体参数，为决策提供数据支持。

三、思考与提升

以下三个问题需要读者进一步思考。
(1) 现有的操作人员数量能否满足要求？
(2) 布局上是否有优化的空间？
(3) 采用不同的任务分配策略能否进一步提高效率？

第三节　机场输送线仿真

一、案例背景

航空物流是发展较晚但发展速度极快的高技术物流领域。由于飞机机舱的结构限制，客机的下半部分为货舱，对于旅客的大件行李需要统一放在货舱内运输。因此旅客在登机前需要先进行行李托运，每件行李会贴上行李牌，标识了出发地、目的地、航班号以及旅客信息等。经过检验并称重后，旅客的行李进入机场行李输送系统。机场行李输送系统必须确保行李都能够和旅客同时登机，抵达目的地。因此机场的转运中心必须有严格的时间限制，转运中心的效率对机场航班流量具有重要的支撑作用。

模型模拟了在一个机场内(布局见图 5-28)，有 10 个行李入口(进入间隔服从 3~8.5 秒的均匀分布)，经过传送带三次支线合流进入输送主线，有 60 个流向出口，货物整体尺寸及分布如图 5-29 所示，要求传送带支线合流时主线上为了方便扫描应将单件分离(货物需要一个一个经过光电传感器，不粘连不并行)，整体系统要求分拣效率达到 6000 件/每小时。

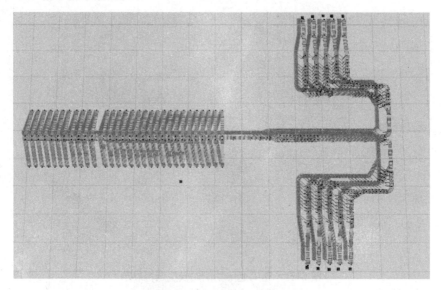

图 5-28　机场输送线布局

纸箱型号	长(mm)	宽(mm)	高(mm)	配比
T1	200	180	100	0.00%
T2	250	200	180	0.00%
T3	300	250	200	8%
T4	360	300	250	12.75%
T5	530	320	230	18.75%
T6	700	400	320	25.00%
大号纸箱(可用2个T6拼)	1000	400-700	400-700	25.00%
软包装袋(一般编织袋异形件)	1000	300-700	200-700	11.00%

图 5-29　货品箱型及比例

二、建模步骤

(一)模型布局

本例布局相对比较简单，参照场地布局图由生成器(货物入库)、传送带、吸收器(分拣出库)构成，按照示例可以快速完成搭建。

建模布局技巧：此处看到整体布局是上下对称的，可以在搭建完一侧后使用镜像工具快速完成布局。具体步骤为红选需要镜像的实体->菜单栏视图选项框(View)->编辑选中实体按钮(Edit Selected Object)->右侧快捷属性框 Edit 内找到镜像(Flip)按钮->在界面中选取镜像中心线进行操作。

搭建完成后将生成器与入口传送带 A 连接，出口传送带与吸收器 A 连接，初步完成物流动线。

(二)流程逻辑

1. 进入输送线参数设置

按照货品箱型及比例图添加全局表，如图5-30所示。

	长	宽	高	比例
Row 1	0.200	0.180	0.100	0
Row 2	0.250	0.200	0.180	0
Row 3	0.300	0.250	0.200	800
Row 4	0.360	0.300	0.250	1275
Row 5	0.530	0.320	0.230	1875
Row 6	0.700	0.400	0.320	2500
Row 7	return 1;	return uniform(0.4,0.7);	return uniform(0.4,0.7);	2500
Row 8	return 1;	return uniform(0.3,0.7);	return uniform(0.2,0.7);	1100

图5-30 货物全局表设置

资源发生器统一设置到达时间间隔为uniform(3,8.5)，在OnCreation触发器中设置60个货物类型及颜色代表货物的流向。按全局表设置生成不同尺寸的货物，生成触发中设置货物尺寸，代码如图5-31所示。

```
15
16 Object involved = item;
17 int m = duniform(1,10000);
18 int row = 0;
19 int sum = 0;
20 int flag = 0;
21 for(int i = 1;i <= 8;i++)
22 {
23     sum += Table("baoguo")[i][4];
24     if(!flag && m <= sum)
25     {
26         row = i;
27         break;
28     }
29 }
30 double x = Table("baoguo").executeCell(row,1);
31 double y = Table("baoguo").executeCell(row,2);
32 double z = Table("baoguo").executeCell(row,3);
33 setsize(involved, x, y, z);
34 } // ******* PickOption End ******* //
35
```

图5-31 按比例设置货物尺寸代码

此时重置运行后可以看到发生器产生了不同尺寸及颜色的货物，如图5-32所示。

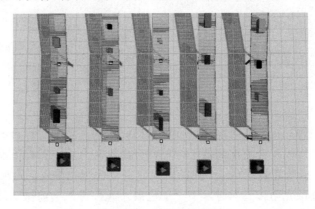

图5-32 入库货物效果

2. 支线合流逻辑设置

在本案例中需要进行三次支线合流操作，五条入库线分别进行二合一、三合一合流，再通过二合一并入一条主线，与另外五条入库线合并的主线完成最后一次二合一后进入分拨线。合流方式均为插花式合流。

如图 5-33 所示，包裹 1 和包裹 2 谁先触发末端的光电传感器，谁先释放。当包裹 1 的尾部通过 a 光电传感器后，包裹 2 开始释放。当包裹 2 的尾部通过 b 光电传感器后，包裹 3 开始释放。

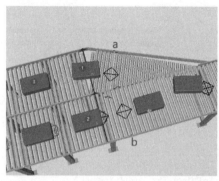

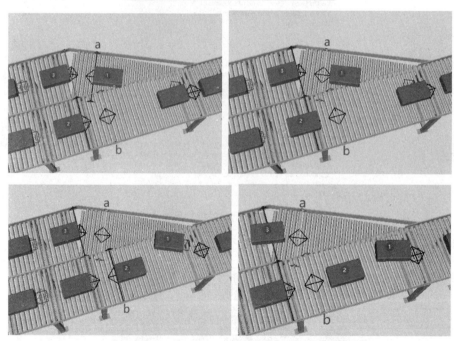

图 5-33 插花式合流

由于实际条件限制，在合流时需要进行顶部扫码识别，要求进行合流的货物不能前后粘连影响扫码准确性，所以在合流前需要进行单件分离排队合流，在合流前段的传送带上设置间隔为 1m 的光电传感器开关，同一个排队段只允许一件货物进入，距离排队机头部 0.2m，当包裹尾部完全经过该光电传感器时，下一个包裹才允许进入当前排队段，如图 5-34 所示。

排队段为两个光电传感器前后依次进行 A 连接，在到达触发时设置占用区域，离开触发时设置取消占用区域(绿色光电传感器)，如图 5-35 所示。

图 5-34 防粘连设置

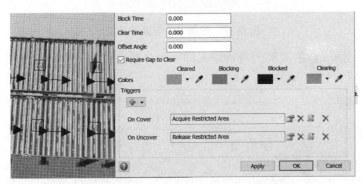

图 5-35 光电传感器触发设置

合流处需要公用一段区域，同样可以将其设置为占用区域，两条支线谁先达到谁先占用(蓝色光电传感器)，如图 5-36 所示。

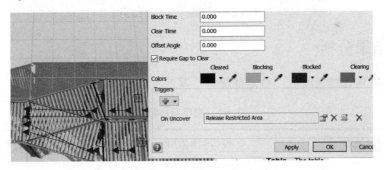

图 5-36 离开时释放区域

支线合流需要将合流后的货物及时送走，给后续货物留出合流空间，所以要将合流后主线传送速度加快以快速带走货物，合流前后传送带速度需要设置加快。

依次设置完成后，运行结果显示支线交替进行了合流操作。

3. 分拨逻辑设置

进入传送带的货物在合流后，进入分拨主线通道，分拨主线连接了 60 个出口，按照之前设置的 60 个货物类型一一对应，在主线进入分拨通道时添加决策点，60 条分拨通道处也分别添加决策点，将主线的决策点与分拨通道的决策点分别进行 A 连接，设置主线决策的进入触发为 send item，其目的地(Destination)为 current.outobject[item.Type]，如图 5-37 所示。

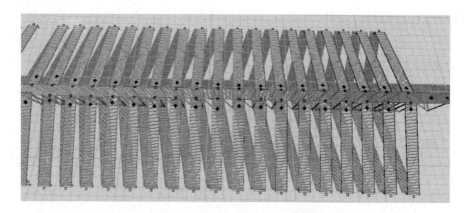

图 5-37　分拨主线与通道设置

重置运行后，同一颜色类型的货物进入同一个分拨通道，分拨通道连接吸收器，正式完成分拨操作，如图 5-38 所示。

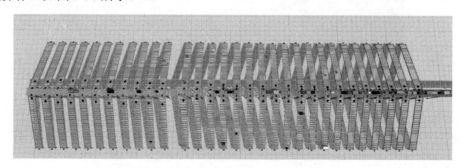

图 5-38　货物分拨运行结果

三、仿真结果分析

在调整各段输送线速度后，稳定前提下，其效率如表 5-1 所示。

表 5-1　模型运行结果

合流线总流量(件)	运行时间(小时)	合流时效(件/小时)
18608	3	6202

通过仿真，能够对机场行李输送线的效率进行模拟。在设定好设备参数后，对于货物的到达可以按照实际采集的数据进行模拟，观察在不同的工作负荷下系统的运行效率，并进一步分析与优化现有输送线布局。

由于会有各种不确定因素或者调度策略的误差，可能无法完全达到仿真环境下的理论数值。因此，需要进行更为准确的数值采样，通过传感器获取系统的实际参数，以更好地满足实际系统仿真的要求。

在本书的第十一章，进一步讲解了使用 FlexSim 中的 Emulation 模块实现仿真系统和真实系统 PLC 的对接应用。

物流输送系统建模与仿真 第五章

 总结与思考

　　本章着重介绍了物流输送系统如何构建模型，并结合机场案例教学搭建，指出实际场景中出现的问题，读者可以跟随指导一步步自己建立模型，更深刻地理解输送系统的结构。该场景在实际中还有许多应用，读者可自行探索建模。

 微课视频

　　扫一扫获取本章相关微课视频。

5-2 快递分拣(2192728).mp4　　　5-3 机场物流分拣.mp4

第六章 物流仿真中的路径优化方案

在物流网络布局确定后，物流对象的搬运距离也就基本上确定了。搬运距离越长，其消耗的时间以及成本就越高。因此，在规划物流网络时，特别是使用 SLP 系统平面布置方法进行布局优化时，必须考虑物料搬运的吨公里数。另外在物料搬运的动线上，可以有自由路径和规定路径两类。如果没有特殊的要求，搬运工具或搬运人员应选择最经济的路径进行搬运，而物流系统中往往又会存在多个不同搬运工具共同作业的情况，如果都选择了最短路径，则有可能导致在路径上出现瓶颈和拥塞现象。

因此，在大量物流设施的实际布局中，对于物流动线都有清晰的规划，要求做到路径不迂回、不交叉，以避免出现动线冲突导致的潜在事故。

本章就物流系统中的路径布局与优化展开分析，研究两类不同的路径优化方案。

第一节 网络路径与交通控制

一、网络节点与路径概念

在物流仿真系统中，任务执行器是用来搬运可移动实体的工具。实现搬运功能需要知道以下几个参数：①发送实体位置；②搬运对象；③接受实体位置。在没有特殊约束的条件下，系统自动获取发送实体和接受实体的三维坐标，并使用直线路径进行搬运。因此，在视觉上就出现了穿越货架等固定实体不可能在现实中发生的现象。同时，由于任务执行器拥有速度参数，因此，搬运距离的不同会直接影响搬运的效率。

为了更好地对现实环境进行仿真，除了需要按照实际情况设置搬运工具的速度、加速度以及装卸时间等参数外，还需要设定任务执行器的行走路径，以更好地反映现实情况。

在 Traffic Network 交通网络中使用了两个工具：网络节点 Network Node 和交通控制 Traffic Control①。

网络的构成要素是节点和路径，而节点之间的相互连接即构成了路径。因此在网络设施布局中，应该先在关键位置布置网络节点，并且将不同的节点用 A 连接，并构成网络。在 Source 和 Queue 之间通过网络建立一个可行的路径。网络路径全部使用 A 连接，需要将固定实体、任务执行器都连接到网络上，如图6-1所示。

在创建的网络路径中，默认是双向联通的无向图，如果需要设置单向路径，则需要在路径的绿色箭头上单击鼠标右键，选择"No Connection"，此时箭头就会变为红色，表明此方向路径不可用，如图6-2所示。如果某一段路径同时有多个任务执行器，但是从安全考虑不允许超越的，就需要选择"NonPassing"，此时该方向箭头将变为黄色。

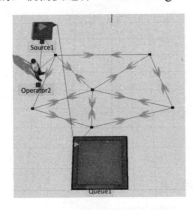
图6-1 网络节点连接示例

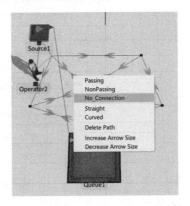
图6-2 网络连接方向

在网络布局完成后，就需要将任务执行器连接到路径上，此后在发送实体位置到接受实体位置之间，任务执行器优先寻找从发送实体到最接近的Network Node进入网络路径，然后在路径网络中寻找可达接受实体位置最接近的Network Node，离开路径网络，并到达接受节点。此时，网络路径就会接管并控制了任务执行器的运动行为。

在运筹学中，经常用到的是最短路径问题。在起点到终点之间有多条可行路径，为了从中找到最短路径，往往采用Dijstra方法。在FlexSim的网络路径中，如果有多条可达路径，系统会从中找到最短路径作为实际行走路径。

二、网络路径设计

在搬运过程中往往需要设置地面路径标线，用于指导搬运工作行走路径。

（1）创建3D模型，如图6-3所示。

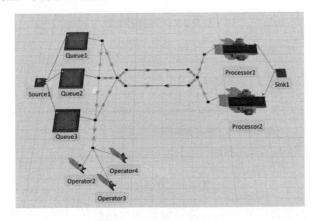
图6-3 网络路径布局

(2) Source 产生 Box，以 RoundRobin 轮流方式发送到下游 3 个 Queue，每个 Queue 将 Box 推送到 ItemList 列表，在使用运输工具时，选择"Object By Name"，可以直接指定所需要的搬运工具，如图 6-4 所示。

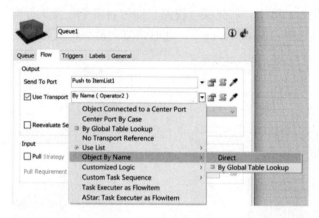

图 6-4　指定搬运工具

(3) 下游的 Processor 使用"Pull From Itemlist"获取列表中的 Box。
(4) 网络路径的连接如图 6-5 所示。采取右侧通行原则，避免在行走过程中发生碰撞。
(5) 如果在路径中需要进行流量控制，可以使用交通控制器来实现。在模型中添加 TrafficControl，连接到所需控制的路径上，对于路径设置区域最大数量为 1，如图 6-6 所示。

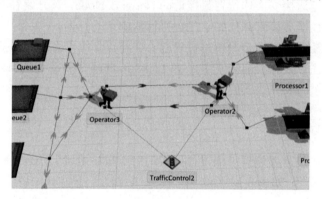

图 6-5　网络路径设计

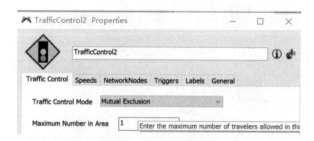

图 6-6　交通控制器

在路径设置时，如果按照实际情况需要设置曲线路径的，可以在箭头上单击右键，选择 Curved，并且拖动箭头旁的黑色方块设置弯曲度，如图 6-7 所示。该方法可使任务执行器的行走更为自然与合理。

在现实中，可能会出现两个设施间距离过长的现象，如果需要按照真实距离进行仿真，则会导致模型尺寸过大，因此采用虚拟距离，能够将当前距离指定为所需要的实际距离。虽然看上去尺寸缩小了，但是任务执行器在路径上行走的时间表现仍然会按照真实的路程进行，因此在仿真的表现上会感觉到行走时间变慢了。

双击打开所需要设置的路径节点，选择该节点所连接的路径，一般用 to NNx 标示(NN 为 Network Node 缩写)，在 Virtual Distance 中填入现有距离所代表的实际距离，如图 6-8 所示。

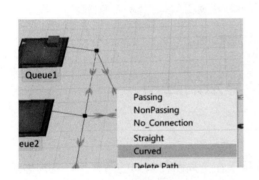

图 6-7　曲线网络路径设置　　　　　　图 6-8　虚拟路径长度设置

在自动化搬运系统中，常常使用 RGV(Rail Guided Vehicle)系统，这是一种需要在固定路径上行走的自动化设备。因此通过网络节点的布局，能够让 RGV 在合适的地点取货，并且按照预设的路径行走，送达相对应的位置。建立模型如图 6-9 所示。

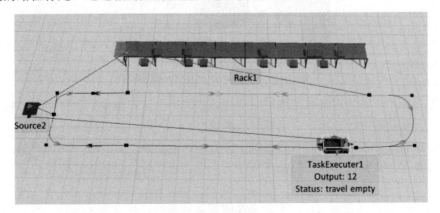

图 6-9　RGV 路径设置

如果网络节点出口位置与固定实体之间仅有一条 A 线连接，将会导致任务执行器职能必须从该节点进出，降低了运行的效率。实际情况是，在只有单一循环路径条件下，任务执行器可以从多个点选择最接近的网络节点出入。因此，就需要采取一种全新的连接方式——D 连接，其含义是扩展连接(Extended Connect)。在需要进行扩展连接的路径上，按住 D 键连接两个网络节点，节点间路径变成橘色，此后任务执行器就可以在网络有连接的节点进入或退出，这还取决于哪一个节点进出更高效。

在网络节点布局完成后，在任意节点上选择网络查看模式，选择 None，此时系统就会隐藏所有的网络节点和路径，更有利于展示，如图 6-10 所示。

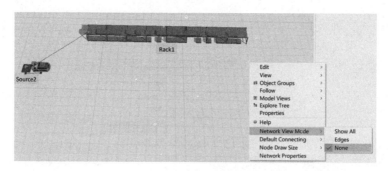

图 6-10　网络路径隐藏设置

第二节　A-Star 算法的应用

一、A-Star 算法的基本原理

A-Star 是一种动态寻优的启发式算法，常常用于在全局路径未知的条件下，实现多运输主体的动态路径寻优，其基本原理如图 6-11 所示。

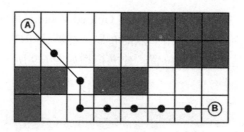

图 6-11　A-Star 路径寻优示意图

在二维平面中，首先应将邻近区域网格化。在若干个可行域中，选择距离目标地址最接近的域进入，此后重复该过程，直至抵达目的地。

这种方法对于存在动态障碍物的系统十分有用，但是系统会有较大的计算量，在每一步操作中都需要进行大量的计算。因此在实际工作中，可以通过制定优选路径的方法，减少计算量。

使用 A-Star 的路径预测方法，不一定能够保障获得的路径是最短路径，但是与动态环境中选择最优路径相比，可以减少路径计算量。

A-Star 方法主要应用在解决系统堵点，对物流设施进行优化设计方面。

在仓库进行拣货时，需要使用大量的拣货人员，这些人员的任务由拣货单所赋予，因此，无法使用固定路径约束这些人员的行动。每个拣货人员会根据每一项任务寻找目的地，并且主动避开障碍物。因此这一动态过程更适合于采用 A-Star 方法进行模拟仿真。通过热区分析，能够发现系统布局中存在的拥堵现象，并有针对性地优化系统潜在的拥堵地点。

在 A-Star 系统中，采用了 Navigator 工具，能够把任务执行器和障碍物分别加入不同的组中，极大地简化 A-Star 算法的布局过程。同时能够在较短时间内进行大量的逻辑判断。虽然与行走网络相比，需要更多的计算时间，但是对现实的拟合度会更好。

通过 A-Star 模型的仿真后，可以根据演化出的路径给出路径的行走方案，再使用 NN 布局路径，给出优化后的路径方案。

二、应用实例

在 FlexSim 安装完成后默认文档保存位置。(例如：C:\Users\Administrator\Documents\Flexsim 2020 Projects\)中，会有一个 ER-small.dwg 的 AutoCAD 文件。往往在仿真时会用到各种其他工具完成布局。

此处通过 Toolbox 中的 Visual—Model Background 方式导入此 AutoCAD 的布局图。设置布局图所摆放的位置坐标以及尺寸，如图 6-12 所示。

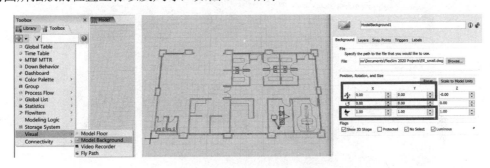

图 6-12 导入 AutoCAD 布局图

注意，此处的 XSize 与 YSize 其值为 1，指的是目前使用原始坐标系下的单位，如果需要放大倍数的话，则需要填入放大系数。

在 Layer 标签页中，取消不相关的 Equipment Layer 和 Bed Layer 的显示，并调整 Wall Layer 的颜色，可使显示更为清晰，如图 6-13 所示。

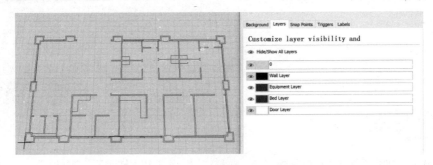

图 6-13 AutoCAD 布局图优化

在 Library 中的 Visual 下选择 Wall 工具，根据 CAD 图纸绘制墙体，如图 6-14 所示。

从 A* Navigation 中拖入一个 A* Navigator 到模型中，把刚才所创建的墙体 Wall 作为 FR Members 加入，如图 6-15 所示。

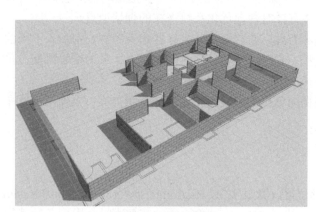

图 6-14　绘制布局墙体　　　　　　　　图 6-15　A-Star Navigator 设置

然后，在模型中布局，如图 6-16 所示。

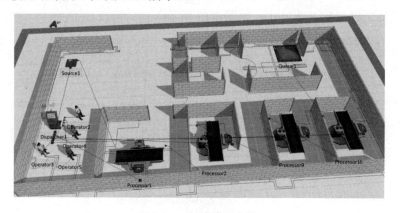

图 6-16　创建模型布局

将搬运工具加入到 Traveler Members，如图 6-17 所示。

模型运行后，所有的操作员将会自动规避障碍物，并寻找可行的最短路径。如图 6-18 所示。

图 6-17　搬运工具加入行走成员　　　　图 6-18　搬运工具自行避障

模型运行后可以看出，因为墙体的阻隔，导致需要更多的行走，因此可以通过创建桥 Bridge(蓝色)，让操作员"抄近路"，还可以在路径中添加偏好路径(绿色)，如图 6-19 所示。

图 6-19　添加桥和偏好路径

为了能够更好地可视化行走路径，在"A* Navigator"中勾选"Show Heat Map"，如图 6-20 所示。可以通过热区分析得到物流动线上流量大小，为后续决策与布局优化提供依据。上述模型在打开热区显示后，运行如图 6-21 所示。

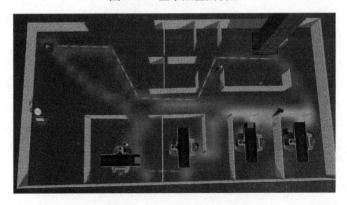

图 6-20　显示热区图设置

图 6-21　热区图模型运行展示

总结与思考

　　物流系统中的路径规划问题一直是行业的痛点,本章通过交通控制及避碰算法的应用阐述了规划物流路径的思路,在实际物流场景中往往是多种方式相结合,最大化人员效率。

　　除了文中提到的优化方法,还有很多种路径规划的选择,读者可以通过阅读相关文献将其方法在仿真软件中进行建模测试。

 微课视频

　　扫一扫获取本章相关微课视频。

6-1 网络节点-AStar(4692635).mp4

第七章 物流仿真数据可视化与模型展示

仿真 3D 建模完成后，通过仿真运行能够看到模型动态化的展示。这为物流系统项目在不同人群间沟通奠定了良好的基础。但是针对不同的人群，依然有不同的需求，对于决策者及项目实施人员，需要得到更为精确的模型仿真数据，并且对数据进行直观的可视化展示，从而为决策提供依据与支撑。对于多数希望通过仿真能够直观体验到 3D 模型运行过程的公众而言，由于缺少仿真软件的运行环境，因此需要提供更为通用的仿真模型展示途径。

本章就上述问题阐述模型的数据可视化以及展示问题。

第一节 仿真数据的基本概念

一、收集数据的类型

当仿真系统运行时，其后台都是由数据驱动的，通过对数据的获取与分析，能够更为理性地了解系统运行的状态信息，为决策提供数据支持。在图 7-1 所示的模型中，可以有多个地方显示运行的相关数据。在选择模型实体时，应在对象下方列出实时的关键状态信息，如输出数量、空闲时间占比、处理时间占比等。而在屏幕右侧的快速属性窗口的最上方，也应列出常用的统计信息。

模型数据一般包括了如下所述几个部分。

(1) 实体状态 State，系统中对于设备的状态进行了预先定义，可以实时显示当前的状态，并且能够根据不同状态进行时长累计，例如通过对设备的忙闲比获得设备利用率的相关信息。

(2) 通量 Throughput，对于固定实体或者任务执行器，在处理可移动实体时具有输入和输出数量信息。

(3) 容量 Content，给出了当前数量，包括最小值、最大值以及平均值信息。

(4) 停留时间 Staytime，指可移动实体在固定实体或任务执行器中所停留的时间，包括最小停留时间、最大停留时间和平均时间，这经常可以用于评价存储类设施的服务率，如在 Queue 中平均停留时间过长表明系统的服务能力下降，需要通过优化流程或者改善设施能力以缩短等待时间。

（5）行走距离 Total Travel(仅针对任务执行器)，针对 Operator 或 Transporter 等任务执行器，行走距离与成本及服务时间直接相关。因此在物流系统进行仿真时，需要考虑通过布局的优化缩短行走距离，以降低服务时间和服务成本。例如在仓库拣货员的工作中，不同的任务分配策略以及布局设计会导致行走距离上的差异，通过仿真的"What-if"分析，能够实现系统的优化方案设计。

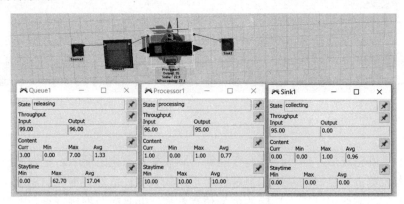

图 7-1　仿真模型的运行数据

除了在快速属性栏中所能够获得的基本数据信息，系统还能够通过不同的触发器将数据记录在全局表中，用来进行后续的分析。

在新版本的 FlexSim 中，提供了仪表盘 Dashboard 功能，与之前版本相比，预置了超过 100 种常用的数据可视化模板，可以根据不同的需求分类选择合适的数据展现形式，如图 7-2 所示。

对于系统中生成的数据，可以采用如下所述数据呈现方法。

（1）在 FlexSim 中直接查看数据。

（2）创建仪表盘查看。

（3）数据导出为常用格式，如 Excel、数据库等，在其他软件中调用或分析。

（4）将图表导出为图像或者 Html 文件。

（5）使用实验器或优化器探索系统可能的优化方案。

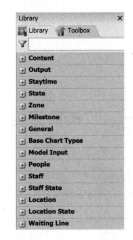

图 7-2　Dashboard 数据展示类别

二、仿真数据的收集方法

在大多数仿真项目中，建模过程完成后，就要考虑对关键数据的采集，用数据来进行优化分析。基本流程包括如下所述几部分。

1）创建仪表盘

在一个模型中可以添加多个不同的 Dashboard，用来记录不同的数据信息，如图 7-3 所示。新创建的仪表盘为空白，需要自行进行设计。图 7-4 是一个常见的仪表盘设计，用来统计处理器、队列的处理效率、等待时间、产出率等参数。

2）添加图表模板或采集数据统计

在 Library 中，可以直接将所需要的仪表拖放在仪表盘中，并在弹出窗口中选择需要统计的对象信息，并对图表展现格式进行微调，如图 7-5 所示。在操作上与 Excel 的图表设置类似。

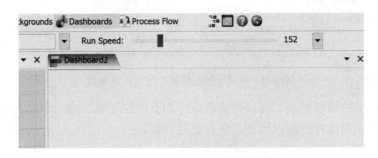

图 7-3　创建数据仪表盘

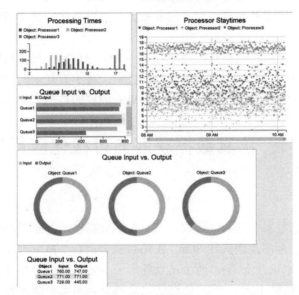

图 7-4　仪表盘示例

图 7-5　添加仪表盘操作

除此之外，还可以在需要统计对象的快速属性窗口通过单击红色图钉将需要统计的信息钉在仪表盘上，如图 7-6 所示。

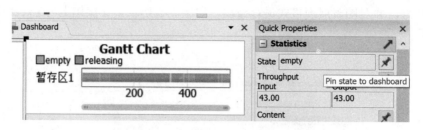

图 7-6　从统计区直接将数据加入仪表盘

根据需要展示的信息不同，可以将仪表盘分为不同的区域。同一个仪表盘上也可以同时监控多个不同对象的运行数据，以便于进行比较分析。

3) 运行模拟

在模型运行时，仪表盘将进行实时的数据展现，因此可以更好地观察系统随着时间的变化而变化的过程。对于决策者而言，这一部分所提供的可视化信息更有价值。

4) 分析数据

仿真运行完成后，可以将数据导出为 Excel、PNG、HTML 等不同格式，借助于其他数据分析软件进行分析研究。在工具箱的统计分析模块，对于更复杂的功能，可以使用统计数据采集器、计算表、实验器与优化器等工具进行更为细致的数据采集与分析工作。

第二节　仿真数据获取与可视化应用实例

一、场景说明

在某个社区里，有两家不同的快递收货点。A 站点在社区的必经路口，地理位置优越。而 B 站点位置稍偏僻，两站点距离约 80m。A 站点租金折合 200 元/天，B 站点租金折合 150 元/天(包含站点的硬件水电开支等)。两个站点各雇了 1 名快递员，快递员的收入模式为固定日薪 50 元+按单计费(每单 1 元)。客户寄送的物品可分为两类，即文件类和包裹类。文件类需要的包装成本为 0.5 元/件，包裹类包装成本为 1 元/件。客户可分成两种类型，即距离/时间敏感型和成本敏感型。包裹类型以及客户类型都为均匀分布。

对于距离/时间敏感型客户，如果在等待时长超过 100 秒或者排队人数超过 4 人时，就会选择走到更远的 B 站点寄送快递。

A 站点给出的报价为文件 5 元/件，包裹 10 元/件

B 站点给出的报价为文件 4 元/件，包裹 9 元/件

经过统计分析，A 站点的员工平均处理包裹的时间符合正态分布 normal(120,20)；处理文件的时间为 normal(50,10)；B 站点的员工平均处理包裹的时间符合正态分布 normal(80,10)；处理文件的时间为 normal(30,10)。

客户到达符合指数分布 exponential(0, 50)。

作为管理者，希望通过传真建模知道哪一家快递收货点盈利水平更好，以及地段重要还是服务水平更重要。

二、仿真建模

模型的布局如图 7-7 所示。

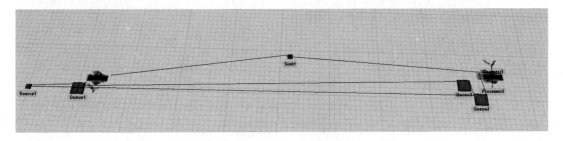

图 7-7　模型布局

对于模型实体所在的空间位置，可以在 General Properties 中进行设置，这对于需要精确位置的布局具有重要作用。因为在仿真模型中，空间距离与可移动实体的行走具有直接关联，本案例中的空间位置设置，如图 7-8 所示。

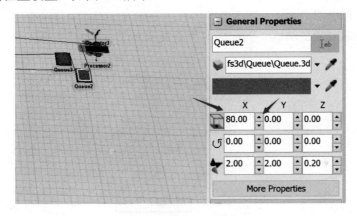

图 7-8　设施空间位置设置

在模型中使用了一个 Source，三个 Queue，两个 Processor，两个 Operator 以及一个 Sink。按照下列图示建立 3D 模型。

1) Source 设置

在 Source 中设置可移动实体的类型为 Man，以间隔方式到达，到达参数为 exponential(0, 50, getstream(current))。在创建触发中设置标签 Type 为 1～4 的均匀分布，如图 7-9 所示。

图 7-9　Source 触发器设置

在输出选项卡中为 4 种 Type 分别设置输出端口，使用 Port By Case，分别将 4 种不同类型发往两个不同端口，如图 7-10 所示。

勾选使用运输工具，在下拉框中选择 Task Executer as Flowitem。因为创建的可移动实体 Man 属于任务执行器可移动实体 Task Executer Flowitem，因此选择这一方式能够实现人作为可移动实体具有的动作表现，如图 7-11 所示。

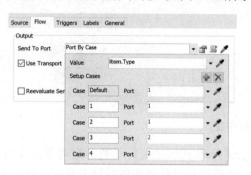

图 7-10 输出端口设置

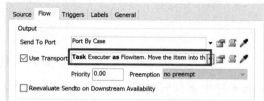

图 7-11 可移动实体行走设置

2) 设置 A 站点的 Queue

由于人在排队时需要站成一列，因此应在 Queue 的 Visual 中设置 Horizontal Line，如图 7-12 所示。

图 7-12 水平排队

在 Flow 标签页中，输出上使用 ItemList，在 Send to Port 中选择 Use List—Push to List，将 ItemList 的名字改成 WaitList，以方便识别，如图 7-13 所示。此处对几个字段的解释如下所述。

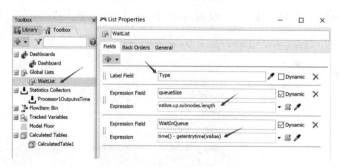

图 7-13 全局列表参数设置

(1) Label Field 标示了进入 WaitList 的标签。

(2) queueSize 计算了当前 ItemList 的长度，表明目前有多少人在排队，使用了 value.up.subnodes.length。

(3) WaitInQueue 指在队列中的等待时间。用系统时间 time()减去 Flowitem 进入 queue 的时间，得出的就是在 Queue 中排队等待的时间。在模型运行过程中，通过查看 List 的数据也可以了解当前全局列表中的状态，如图 7-14 所示。此数据表格可以被认为是一个数据库，因此可以使用标准的 SQL 语句进行查询和操作。

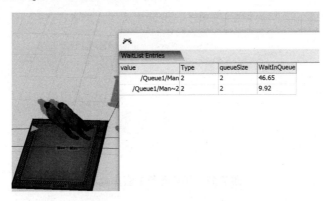

图 7-14　WaitList 运行过程数据

3) A 站点处理器

处理器中首先写入处理时间，如图 7-15 所示，指代标签为 1 和 2 的客户到达后所需要处理的时间。同时勾选"Use Operator for Process"。

在 Flow 标签页，输入的方式选择 Pull Strategy—Use List—Pull From List，选择刚才创建的 WaitList。在 Query 查询中使用排序，填入"ORDER BY WaitInQueue DESC"。根据在 List 中等待时长进行降序排列，因此，就可以实现优先处理先进入的客户了，如图 7-16 所示。

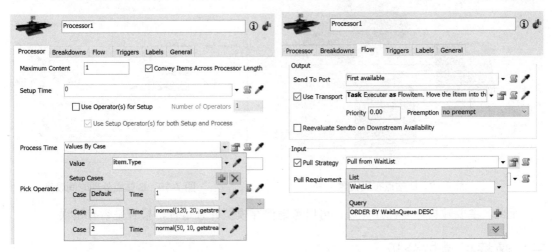

图 7-15　处理时间设置　　　　图 7-16　从 WaitList 列表中拉取数据

4) 不愿意等待的客户处理

A 站点时间和距离敏感型客户，由于等待时间过长，很可能会选择去 B 站点寄送快件。

因此从 Queue1 创建 A 连接至 Queue3，在 Queue3 的拉入策略中也可使用 WaitList，查询语句中填写：WHERE WaitInQueue > 100 OR queueSize > 4，此时查询的是在 WaitList 中是否有人等待时间超过 100 秒或者排队人数大于 4 人，并将这些不满意的客户拉进 B 站点，如图 7-17 所示。

图 7-17 不愿等待的客户处理

5) B 站点处理器

B 站点布局如图 7-18 所示。处理器处理时间如图 7-19 所示，因为有客户可能由 A 站点过来，所以需要设置标签 1 和 2 的处理时间。

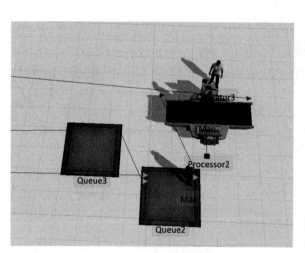

图 7-18 B 站点布局设置

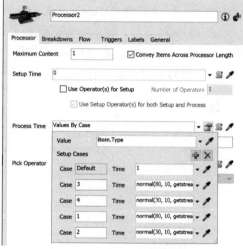

图 7-19 B 站点处理时间设置

至此，主要建模任务已经完成，可以考虑保存模型并且运行，检查是否有错误。

三、数据采集与分析

通过仪表盘可以将需要分析的数据进行采集，并实现可视化。完成的仪表盘如图 7-20 所示。

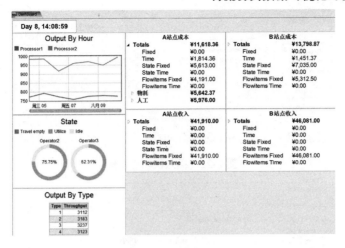

图 7-20　仪表盘示例

1) 单击 Dashboard，创建新仪表盘

对于仪表盘可以命名，但是，由于 FlexSim 在中文的输出上还不够完善，因此，用中文命名时，有可能在数据导出时会出现乱码，还请读者注意。

由于在一个仿真模型中可能有多个仪表盘，因此为其选择一个合适的图标就会更加直观，用吸墨器在模型的合适位置进行采样，就可以将图标放置在仪表盘标签页上。在创建仪表盘时，需要勾选"Edit Mode"，完成后为了防止意外移动和修改，可将 Edit Mode 去掉，如图 7-21 所示。

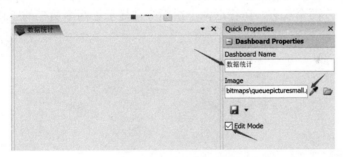

图 7-21　创建新仪表盘

2) 仪表盘基本信息显示

在仪表盘处于选择状态时，Library 会同步显示相关的工具。在 General 中选择 Date and Time Display，将其拖放在仪表盘的合适位置。拖动文本框的 8 个黑色方块可以调整尺寸大小，如图 7-22 所示。

拖入一个 Model Documentation，可以将模型的文字描述写入其中，以方便其他人阅读。

3) 统计两家站点的输出

在 Output 中选择 Output By Hour，拖放至仪表盘中。在 Object 中选择 Processor 组，将 Processor1 和 Processor2 都选中。在统计时间间隔中可以选择小时、半天、天等不同间隔时间，如图 7-23 所示。

模型运行后就能看到实时的产出数据，如图 7-24 所示。

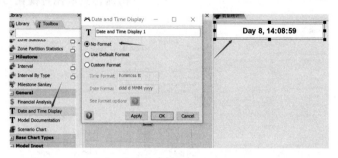

图 7-22 插入仪表盘方法

图 7-23 每小时输出情况统计设置   图 7-24 两个站点实时产出数据统计

4) 站点员工利用率

在 State 中选择 Pie Chart，加入统计的对象为 Operator 中的两个 Operator，同时只勾选"idle"和"Utilize"两个状态。运行后两个饼图分别显示了两个员工的工作状态，如图 7-25 所示。

图 7-25 员工工作状态统计

5) 客户等待时间统计

在 Staytime 中选择直方图 Histogram，统计对象选择 Queue1 和 Queue2，时间单位选择分钟。模型运行后即可看到两个不同站点客户等待时长的分布图，如图 7-26 所示。

6) 两个站点输出统计

在 Output 中选择 Bar Chart，选择统计对象 Processor1 和 Processor2，即可统计两个站点

的输出并加以比较，如图 7-27 所示。

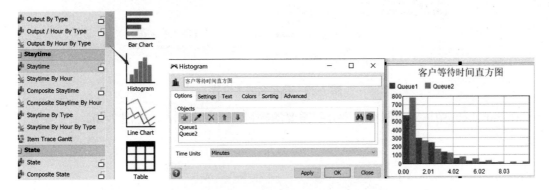

图 7-26 客户等待时长分布

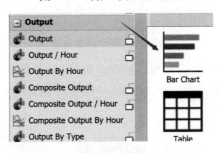

图 7-27 两个站点输出数量统计

7) 成本收益指标统计

根据案例中所提供的背景信息，可以计算两个站点的成本支出以及收益。在 General 中选择 Financial Analysis，对象选择 Processor1 和 Operator2，可以统计站点的固定成本、物料消耗费用以及人工费用，如图 7-28 所示。

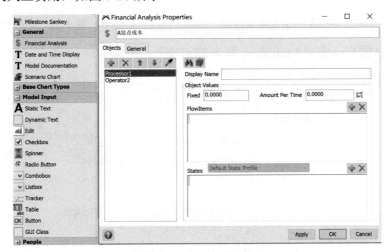

图 7-28 财务指标计算

在 Processor1 中，给出的日租金成本为 200 元，因此，需要首先将其换算为系统仿真所用的单位秒，将此金额计入为以秒为单位的租金成本，如图 7-29 所示。

图 7-29 日租金成本设置

在 FlowItem 中,对于四种类型分别需要的物料消耗成本填入,见图 7-30。

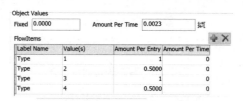

图 7-30 变动成本设置

人工成本的构成也包含两部分,即每日的固定费用 50+单件处理成本 1 元,如图 7-31 所示。在 General 标签页中将货币单位改成 Yuan,如图 7-32 所示。

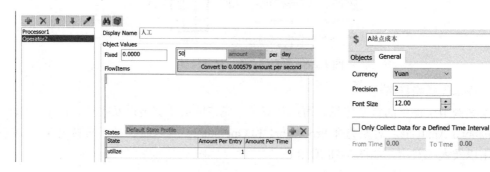

图 7-31 人工成本设置　　　　　　　图 7-32 货币单位设置

同样,可以用 Financial Analysis 计算 A 站点收入,如图 7-33 所示。

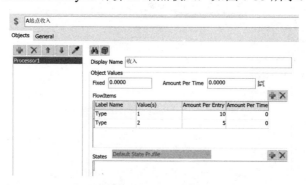

图 7-33 A 站点收入设置

以此类推,可以计算创建 B 站点的成本和收入。

8) 总图表

通过仪表盘的数据可视化,能够更为直观地观察模型的运行情况,如图 7-34 所示,可视化信息为进行科学决策提供了数据支持。当然，为了能够更好地进行仿真分析，还需要对真实情况进行数据的采集与拟合。

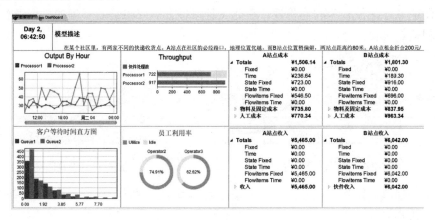

图 7-34　数据可视化统计图表

第三节　仿真模型的控制与展示

建模完成后，需要能够动态化展示模型的运行过程，因此，通过创建飞行路径的方法为模型建立导览路径，能够更好地动态化展示模型的运行过程。

一、飞行路径的创建

如图 7-35 所示，在 Toolbox—Visual—Fly Path 中创建飞行路径。注意，此功能在正式版本中可用。非正式版本该功能不可见。

如图 7-36 所示，飞行路径中首先需要创建飞行路径轨迹，单击 Flypaths 右侧绿色加号创建"Flypath1"，可以根据实际需求更改名称，还可以添加多个不同的飞行轨迹，获得不同的展示效果。

图 7-35　创建飞行路径

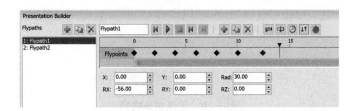

图 7-36　创建飞行轨迹

在每一条飞行轨迹中，需要通过添加关键帧来确定每一时刻的视角位置。如图 7-37 所示中黑色的菱形块就是关键帧。表明时间轴在某一时刻当前的坐标、旋转角度以及弧度。在模型中通过拖动想要展现的视点位置来确定关键帧。而从上一个关键帧到下一个关键帧之间的时间，就是视点移动的时长。因此如果希望模型能够较为平滑地展示，就需要将关键帧的间隔拉大，以避免出现卡顿现象。如果在某一视点位置需要停留并仔细观察，则可以复制当前关键帧，并确定两帧之间的时长，从而实现暂停功能。

如果需要实现飞行轨迹的循环展示，需要点亮循环路径功能，如图 7-38 所示。此处需要注意，为保证飞行路径展示的连贯性，在此飞行路径上需要将最后一帧的坐标调整至与第一帧接近或相同的位置。

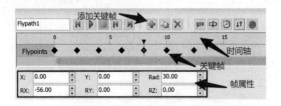

图 7-37 飞行路径关键帧设置

图 7-38 设置循环路径

之后单击播放按钮就可以看到模型的动态展示效果。同时，模型可以进行实时运行，动态展示模型仿真运行过程。

二、创建并导出模型视频

对于不具备模型仿真展示的场所则需要录制视频。在 Toolbox—Visual—Video Recorder 中打开录像器。通过设置如图 7-39 所示的参数，就可以对模型进行录制了，保存文件名为 Output1.mp4，可以根据需要选择不同的编码器以及合适的帧率。生成的视频文件可以方便地通过网络进行分享和展示。

图 7-39 创建仿真视频

三、仿真服务器的使用

在完成了仿真模型的建模后，如果将模型向其他人进行展示，应该考虑到并不是每个人的电脑都能够安装仿真软件。如果通过视频导出的方式进行展示，往往又更加固化，仅能以建模者的视角展现模型，同时，由于视频导出的容量较大，在进行远程传递时不够方便。因此，在 FlexSim 中提供了 webserver 功能，能够在自己的电脑上搭建仿真模拟运行服务器，供他人进行实时建模与查看。该工具具有跨平台属性，能够实现用平板电脑、手机等终端运行。

Web 服务器是 FlexSim 仿真软件的一项高级功能，能够实现在服务器端运行仿真模型，然后通过视频流或者 WebGL 数据方式将模型运行过程在客户端浏览器中进行展现。同时，通过远程的控制，能够实现视角变换、参数控制、实验与优化等一系列功能。

Webserver 不是 FlexSim 的默认组件，需要通过创建 FlexSim 账号，在 FlexSim 账户的下载页面中进行下载，因为 Webserver 与 FlexSim 的版本之间需要适配，因此，必须选择合适的版本进行下载，本教材中使用的为 20.1.0 版本的 Webserver，如图 7-40 所示。

图 7-40　Webserver 版本选择与下载

下载完成后按照默认设置安装，系统中如果没有 Node.js 会自动安装，完成后在桌面上会生成图标，双击打开，在第一次运行时会使用 npm(Node package manager)进行必要的初始化，运行完成后系统中会打开一个命令窗口，此时 FlexSim 的服务器就已经开始运行了。如果需要关闭服务器，直接在窗口中按下 Enter 键终止服务，如图 7-41 所示。

在本机测试时，打开浏览器，输入本机地址：http://127.0.0.1 或者 http://localhost。

如果需要在其他计算机上进行访问，则首先需要知道本机 IP 地址，使用 Win-R 键打开运行窗口，输入 CMD，打开命令窗口，输入 ipconfig，找到自己的 IP 地址，如图 7-42 所示。其他在同一网段内的计算机就可以通过在浏览器中输入 http://，你的 IP 来访问 FlexSim 仿真服务了。

图 7-41　Webserver 启动

图 7-42 获取 Webserver 服务器地址

如果需要在外部网络进行访问，就需要拥有公网 IP，或者使用网络地址映射来实现。

在浏览器中首先选择"Select Model"，注意，在服务器端需要将模型保存在 FlexSim 默认的模型保存文件夹中，例如 C:\Users\Administrator\Documents\Flexsim 2020 Projects。然后服务器端会自动启动 Flexsim 并打开对应的模型。之后选择 select instance，并单击 Connect To Instance，浏览器就会弹出模型的控制窗口，并且可以实时展现模型的运行。

在 2020 Update 2 之前的版本，模型是通过实时压缩视频流的方式进行传递的，因此所需要的网络带宽较大，对服务器端显卡的要求较高，视频的画质相对较为模糊，但是对客户端的要求最低。而在新版本中，使用了 WebGL(Web Graphical Library)协议，能够在网络浏览器中实现交互式 2D 或 3D 图形，它可以更好地使用客户端 GPU 的功能，呈现更为清晰的模型展现方式。这种模式下对于客户端的显卡要求较高。

从 FlexSim 2020 Update 2 开始，默认模式是使用 WebGL 流。要使用视频流，可以树节点的 MODEL：/ Tools / serverinterface / streammode 中将值为 0 的流模式节点添加到模型树，如图 7-43 所示。

图 7-43 浏览器访问 Webserver 服务器

在所有参数设置完毕后，浏览器端即可打开服务器端已经建好的模型，模型通过 WebGL 或者视频流方式进行展现，并且可以在浏览器端进行一定的控制，极大地方便了模型的远程访问。甚至在手机端的浏览器中同样能够实现模型的访问，如图 7-44 所示。

图 7-44 浏览器端运行 FlexSim 仿真模型

物流仿真数据可视化与模型展示 第七章

总结与思考

仿真工作除了能够将 3D 模型以直观的方式展示给受众外，更需要将仿真的结果呈现给相关人员。数据仪表盘是一种非常直观的数据呈现形式，能够动态地展现仿真过程中数据的变化与结果。同时，在仿真过程中还加入了对财务数据的分析，能够更好地从成本和收益的角度评价系统。

仿真的展示效果是有效沟通的关键，因此通过飞行路径制作导览、录制视频或者通过服务器进行远程模型连接等形式都大大方便了模型的展示。

读者可以进一步思考，如何将仿真过程中产生的数据进行进一步深入分析，以及如何利用 VR/AR 等技术手段获得更好的展示体验。目前在 FlexSim 系统中已经能够支持 Oculus Rift 虚拟现实眼镜，在虚拟现实系统的支持下，人们可以在虚拟环境下得到更好的仿真体验。

微课视频

扫一扫获取本章相关微课视频。

7-1 快递站点.mp4

105

第八章 仿真模型实验与优化

当完成了物流系统仿真的建模过程,就已经有了一个与现实高度接近的可运行模型了。但是对于建模者而言,更为重要的是需要寻找到合适的系统参数来不断优化系统。

在传统模式下,需要通过运筹学方法建立模型,求出优化解,但是在动态环境下,通过仿真实验以及优化方法,能够更为便捷迅速地得到优化解决方案。

第一节 需求描述

一、场景描述

在某一个物流企业中,需要满足每小时卸货 200 托的任务,目前对于叉车操作的速度为已知,但是不清楚到底需要多少收货区以及多少叉车才能在满足需求的前提下尽可能降低成本。

为了解决这一问题,首先需要对问题进行建模。

在一个自动化仓库中,仓储系统采用了立体化仓库,每小时能够接受 200~300 托货物的输入上架。当前由于入库量较大,为了能够解决到货车辆排队的问题,需要实现每小时卸货至少 200 托的目标。但是,对于开放多少月台以及使用多少辆叉车还没有明确的答案。

目前已知,经过一段时间的测试,叉车的参数如图 8-1 所示。

建立模型如图 8-2 所示。

缓冲区的容量为 1,Source 的到达方式为 Arrival Sequence,数量为 1。

图 8-1 叉车参数设置

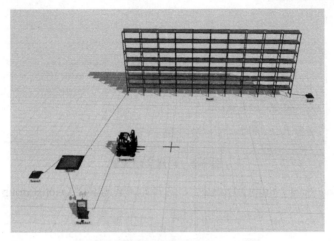

图 8-2　模型 3D 布局

鼠标右键单击 Queue，在 Object Groups 选择创建新的群组 QueueGroup，Queue1 作为群组的成员，如图 8-3 所示。

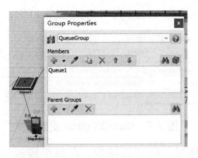

图 8-3　创建 Queue 群组

二、使用实验器进行仿真实验

（1）在 Toolbox 中单击绿色加号右侧下拉箭头，在 Statistics 中添加 Experimenter，如图 8-4 所示。

图 8-4　添加实验器

（2）在 Scenarios 场景中单击变量旁的加号下拉，选择"Number of Objects in Group"，

如图 8-5 所示。

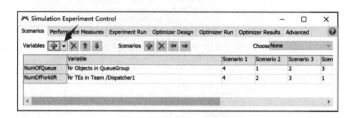

图 8-5　创建实验变量

(3) 将变量名命名为"NumOfQueue",选择刚才创建的"QueueGroup",如图 8-6 所示。

图 8-6　NumOfQueue 变量选择

(4) 在 Scenarios 场景中单击变量旁的加号下拉,选择"Number of Task Executers"。将其命名为"NumOfFolklift",选择 Team 为"/Dispatcher1",如图 8-7 所示。

图 8-7　NumOfFolklift 变量选择

(5) 单击 Scenarios 旁的加号,创建新场景,在每个场景中输入不同的变量。例如在第一个场景中,NumOfQueue 为 4,表明有 4 个缓冲区,NumOfFolklift 为 4,表明有 4 台叉车。以此类推。可以根据需求创建多个不同的场景,如图 8-8 所示。

图 8-8　场景设置

(6) 在 Performance Measures 中单击加号,创建新的绩效指标。此处在 Name 中填入"RackInput",在 Performance 中选择对象为"Rack1",统计的参数为货架的 Input,如图 8-9 所示。

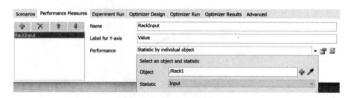

图 8-9　绩效指标设置

(7) 在 Experiment Run 中填入运行时间 3700 秒，预热时间 100 秒，主要是为了避免系统在初始状态下未能达到稳态，所以设置 100 秒的预热时间。在 Replications per Scenario 中填入"10"，指对于每一种特定场景运行 10 次，如图 8-10 所示。

图 8-10　实验运行参数设置

(8) 单击 Experiment Run 即可进行实验，如图 8-11 所示。

图 8-11　实验运行过程

此时系统的 3D 模型不再运动，而是将所有资源用来进行实验。在上述例子中，系统实验一共进行了 30 次(3 个场景，每个场景重复 10 次)。在任务完成后，单击"View Result"就能够查看运行的结果了，如图 8-12 所示。在刚才的例子中，在三种不同场景下，系统每小时入库量数据如图 8-13 所示。系统提供了数据的不同展现方式，以方便进行分析。

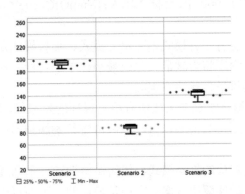

图 8-12　实验结果展示

RackInput											Raw Data
	Rep 1	Rep 2	Rep 3	Rep 4	Rep 5	Rep 6	Rep 7	Rep 8	Rep 9	Rep 10	
Scenario 1	197	192	196	196	187	198	184	189	192	197	
Scenario 2	87	88	92	91	85	91	77	91	86	92	
Scenario 3	144	145	148	144	137	146	128	139	139	147	

图 8-13　每小时入库量数据统计

实验器所产生的数据可以作为 Html 进行输出，并且创建更为专业的分析图表。

如果系统的变量值域范围很大，变量数较多，为了能够找到更好的结果，就需要创建更多的场景。例如在刚才的例子中，如果可用的暂存区为 1~10 个，可用的叉车数量为 5 台，那么为了穷尽所有的组合，总共需要创建 50 个场景，并对各个场景所产生的结果进行比较分析。这在现实的仿真中难度较大。因此就需要采用更好的优化器进行方案的优化了。

三、使用优化器寻找最优方案

在实验器中选择 Optimizer Design，对于已有的两个变量分别给出上界和下界。在 Type 中选择 Integer 整数，因为其数量的取值必须为值域范围内的整数。不同的变量需要采取不同的取值类型，例如，对于变量为位置、长度或者时间的，就可以采用 Continuous 类型，取值为连续变量，如图 8-14 所示。

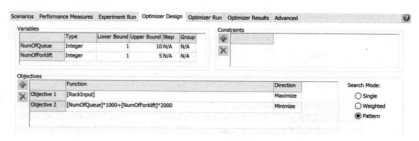

图 8-14　优化器参数设置

在优化目标中，可以填入两个目标。

（1）数量目标：希望在一定的时间内，能够进入 Rack 的货物数量尽可能多，因此对于指标 1[RackInput]的方向为 Maximize。

（2）成本目标：每一种设施或者设备的使用都会产生成本，假设使用 Queue 的成本为 1000/个，使用叉车的成本为 2000/个，目标 2 填入：[NumOfQueue]*1000+[NumOfForklift]*2000 方向为 Minimize。

在优化方案搜索中，也有三种模式，即单一模式、加权模式及模式搜索

（1）单一模式：优化程序将尝试最大化或最小化单个目标。在优化程序运行了指定的时间后，它将给出建议以提供最佳解决方案。

（2）加权模式：优化器将尝试最大化所有给定目标的累积值。每个目标都有权重和方向。如果要最小化特定目标，则将其值乘以-1，然后再将其添加到累积目标中。将在给定的时间内找到最佳解决方案。

（3）模式搜索：这是默认的推荐模式，优化器将搜索一系列优化所有给定目标的解决方案。此搜索模式返回一组最佳解决方案。它们是最佳的，因为每个目标的改进都会使其他目标恶化。例如，给定的优化可以使利润最大化并使成本最小化。

可以尝试在不同的目标下，最优解的变化情况。

在优化器运行标签页上，需要设定 Max Solutions，可以根据变量的组合数设定最大方案数，单击 Optimize，如图 8-15 所示。

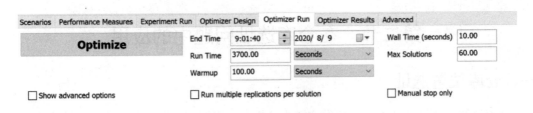

图 8-15　优化方案参数设置

在优化器运行结束后,可以通过设定不同的 XY 轴来观察不同的优化解决方案。对于优化解,系统已经使用明显的标记标出。如图 8-16 所示的横坐标为缓冲区数量,纵坐标为叉车数量。

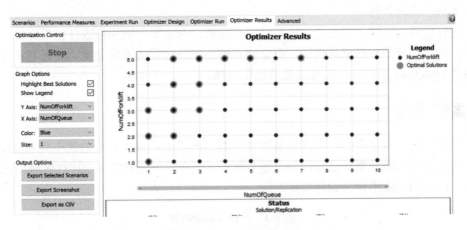

图 8-16　优化方案结果展示

通过将坐标轴更换为横坐标为成本支出,纵坐标为每小时输入量的话,可以看出满足每小时最低 200 输入要求的条件下,最优解为 218 件,成本为 12000,在这一最优解条件下,使用的 Queue 为 2 个,叉车数量为 5 台,如图 8-17 所示。对于优化后的结果,可以输出为 Scenario,也可以作为 CSV 输出,供 Excel 等软件打开进行后续分析。

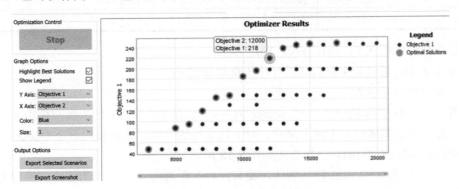

图 8-17　变换优化结果坐标轴

优化器在多目标寻优中能起到非常重要的作用。需要注意的是,OptQuest 模块需要单独的许可证才能够运行,因此应在软件打开的首页中查询是否安装许可证。

第二节　在仓库选址问题中的应用

一、仓库位置选址

仓库位置的选址往往与企业的供应链决策相关，需要综合考虑服务范围、时效性、成本等多重目标。在单一仓库选址中，可以使用重心法进行概念分析，选择内外向物流成本最低的位置作为可行的选择区域。而在多仓库选址中，则可以通过聚类分析以及启发式算法等，将服务区域进行划分，并决定仓库的数量和位置。

对于面向生产型的仓库，一般需要靠近生产地，而面向终端消费市场的仓库，则更需要体现服务响应的时效性。

在进行位置选址时，需要更多地考虑宏观因素，对主要影响变量进行建模决策。在仿真过程中，可以创建基本的概念模型，给定输入输出以及运行成本等变量，之后利用 FlexSim 中内置的 OptQuest 模块进行最佳位置的优化选择。

二、案例情景

一家企业需要将生产的产品满足本地 4 个客户的需求，每个客户的最小需求批量均为 1 整车。目前各种设施的坐标已知，如表 8-1 所示。现在希望能够在一个可行区域内进行仓库的选址，最佳的位置选择该如何确定？

表 8-1　产销地坐标数据

名　称	X 坐　标	Y 坐　标
生产地	0	0
客户 1	−11	−9
客户 2	−7	0
客户 3	24	−7
客户 4	10	22

可供选择的区域 X(0，10)，Y(0，10)。

传统方法中，可以使用重心法进行迭代获取最优位置。

现在通过仿真方法为这一问题求解。

创建如图 8-18 所示的模型布局，source 为生产地，位置为(0, 0)，四个客户使用 4 个 Queue 来表示，分别在右侧属性栏中填入坐标。对于待选址的仓库，同样使用一个 Queue 放在可用的区域范围内(用红框标出)。链接方式如图 8-18 所示。

在 Source 中创建的 item 持续到达，共有四种类型对应 4 个不同的客户。使用 Operator 作为搬运工具实现搬运任务。

在待选址的仓库中使用搬运工具，并且将四种不同类型的产品发送给四个不同客户。

完成之后在 Toolbox-Statistics 中选择 Experimenter，创建场景、评价指标以及优化方案，如图 8-19 所示。

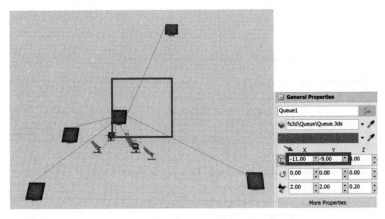

图 8-18　模型布局

图 8-19　模型实验器设置

由于需要对仓库的位置进行选址，因此，需要将仓库的 X 坐标和 Y 坐标作为变量。选择添加变量，将变量名改为 SpatialX 和 SpatialY，变量值需要使用采样器工具在树结构中找到对应的仓库 Queue5，在 spatial 节点下找到"spatialx"，单击选择，如图 8-20 所示。

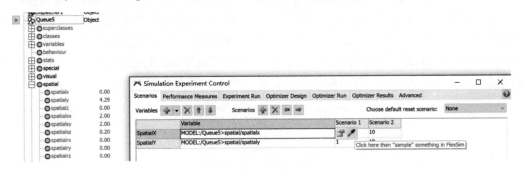

图 8-20　实验器变量获取

单击 Scenarios 右侧的加号，增加两个不同的场景，填入坐标(1，1)和(10，10)，此处可以测试在目前选定的两个位置。

在 Performance Measures 中创建两个绩效衡量指标。此处为了简化，只以行程作为统计指标。增加 PFM1 和 PFM2 指标。将名称分别改为"Inbound"和"Outbound"，分别统计进向物流距离以及出向物流距离。如图 8-21 所示。

接下来进行模拟实验运行，设定运行时间以及重复次数，单击 Experiment Run，当所有进度条都变绿的时候，单击 View Result，分别观察 Inbound 和 Outbound 总物流距离，如图

8-22 所示。

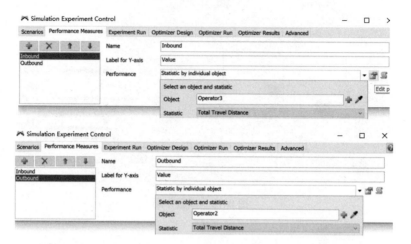

图 8-21 绩效指标设置

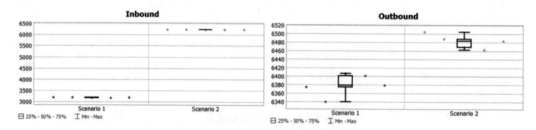

图 8-22 物流距离实验结果

之后进行优化方案设计。

对于给出的两个变量 SpatialX 和 SpatialY，可以指定其类型，如果坐标位置为离散的，可以选择 Integer，取值就会使用坐标整数，以此可以让优化结果快速收敛。而如果坐标值可以选择连续取值的话，就可以使用 Continuous。在 Objective 中新增函数为 [Inbound]+[Outbound]，方向为 Minimize，即选择进向物流和出向物流取值最小的方案为最优，在搜寻模式中选择 Pattern，这是系统默认的推荐模式，如图 8-23 所示。

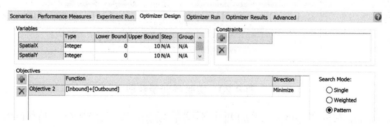

图 8-23 优化方案设计

完成后单击优化运行，使模型运行 3600 秒，随后模型将会开始寻找最优化解决方案。并且将最优化方案圈出标示。在 Optimize Results 中，可以通过选择不同的 X、Y 坐标来观察方案。目前，最优方案的坐标为(0，1)，这一结果是优化器搜寻到的第 39 个解决方案，总的目标值为 7366，从图 8-24 可以看出是在当前可选域中的最小值。

仿真模型实验与优化　第八章

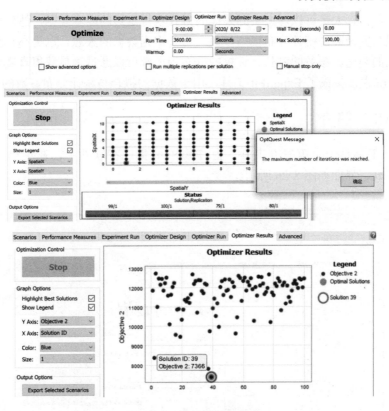

图 8-24　优化器结果展示

在该方案中单击"Export Selected Scenarios"，将会把此方案的变量值传送到场景中，如图 8-25 所示，对于后续的布局实现了有效的优化。

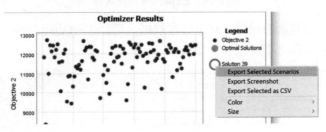

图 8-25　优化结果输出

使用优化器进行布局最优方案设计的优势有如下所述几点。
(1) 能够快速建立模型，将关键指标作为模型的输入，测试模型运行逻辑。
(2) 优化器能够对所有可能的方案进行快速迭代计算，避免了手工烦琐的计算过程。
(3) 使用仿真过程能够进行动态寻优，更好地适应真实环境。

第三节　采样数据拟合

仿真过程中获得准确的数据是模型有效运行的关键。在前面模型中由发生器所产生的数据中，我们一般使用统计分布的方式生成数据源，但是参数是否真实未能经过有效的验证。

115

在现实中,仿真人员可以通过实际采样的方式获得足够的样本数据,然后根据样本数据拟合,找到拟合度最高的统计分布模型参数,将其作为数据的来源,以提高模型的实效性。例如对于客户的到达、服务的时长、订单的分布等,都可以通过测量获得真实值。

在 FlexSim 中,集成了 ExpertFit 工具,用于数据的拟合与统计分布参数的生成。

一、ExpertFit 简介

ExpertFit 工具是一个第三方工具,由 FlexSim 集成在软件中,在菜单栏 Statistics—ExpertFit 中打开。界面如图 8-26 所示。

图 8-26　ExpertFit 系统界面

单击"New…"创建新的项目,对于已有数据,选择"Fit distribution to data",为已有数据创建统计分布,如图 8-27 所示。

图 8-27　创建新项目

二、数据拟合应用

新项目创建完成后单击打开该项目，共有四个板块，从上至下依次是数据获取、拟合模型、模型比较以及模型应用。

1) 数据获取

在获取数据时，单击"Enter Data"有两种方式输入数据，如图 8-28 所示。这两种输入方式分别为文件输入或者手工粘贴拷贝输入。注意文件输入时只支持 dat 或 txt 格式，因此，对于其他类型的数据文件格式需要先进行转换。本节所使用的数据可以在本书配套的模型资源库中找到。

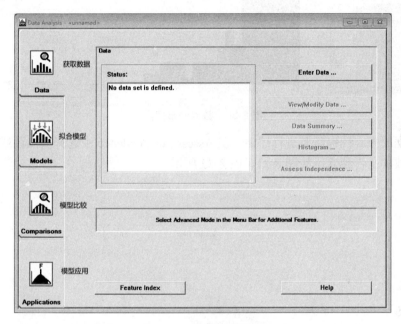

图 8-28 数据获取模块

数据输入完成后，系统会对数据进行初步分析，如图 8-29 所示。

Data-Summary Table

Data Characteristic	Value
Source file	<edited>
Observation type	Real valued
Number of observations	361
Minimum observation	0.02000
Maximum observation	165.90000
Mean	23.94701
Median	16.78000
Variance	574.30623
Coefficient of variation	1.00074
Skewness	2.06237

图 8-29 数据属性

之后可以通过直方图形式查看数据的分布，如图 8-30 所示。

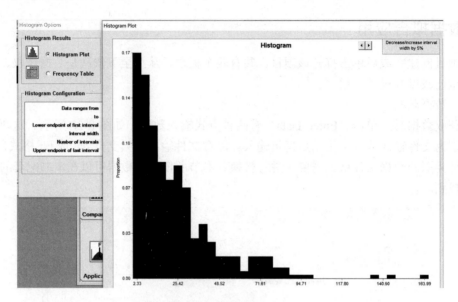

图 8-30　数据分布特征

对于数据的独立性也需要进行评估，在 Assess Independence 中选择散点图或滞后相关图查看，判断数据是否独立，如图 8-31、图 8-32 所示。

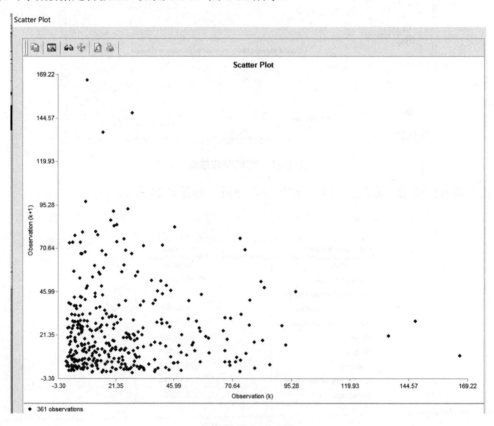

图 8-31　数据散点

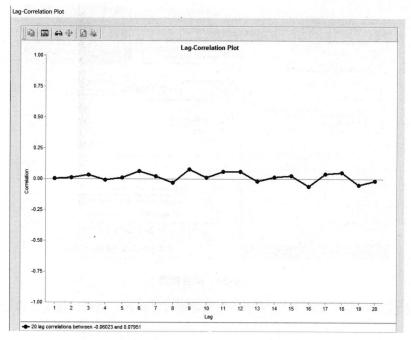

图 8-32　数据滞后相关

2) 拟合模型

ExpertFit 工具可以对 20 种常见统计分布进行拟合。选择"Automated Fitting",系统自动对样本数据进行模型拟合,如图 8-33 所示。

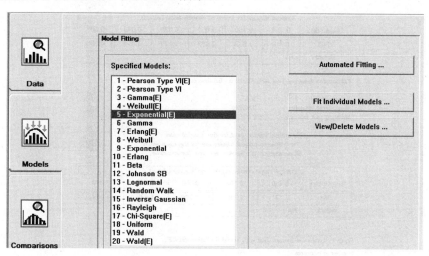

图 8-33　模型数据拟合

3) 模型比较

拟合完成后,系统就会按照拟合相对的优劣进行排序,可以进行图形化比较以及拟合优度检验,如图 8-34 所示。系统提供了 Anderson-Darling 检验、Kolmogolov-Smirno 检验以及卡方检验三种方式。

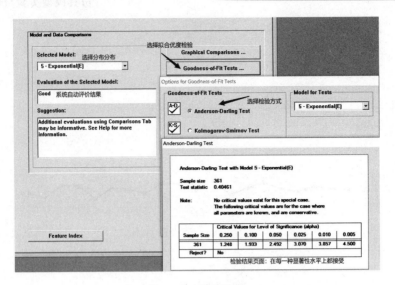

图 8-34 拟合检验

三种检验方式的结果如图 8-35 所示。如果都通过了检验，则可以接受该拟合分布，否则就应拒绝。

Anderson-Darling Test with Model 5 - Exponential(E)

Sample size   361
Test statistic 0.40461

Note: No critical values exist for this special case.
       The following critical values are for the case where
       all parameters are known, and are conservative.

Sample Size	Critical Values for Level of Significance (alpha)					
	0.250	0.100	0.050	0.025	0.010	0.005
361	1.248	1.933	2.492	3.070	3.857	4.500
Reject?	No					

Kolmogorov-Smirnov Test with Model 5 - Exponential(E)

Sample size   361
Normal test statistic   0.03238
Modified test statistic 0.61525

Note: No critical values exist for this special case.
       The following critical values are for the case where
       all parameters are known, and are conservative.

Sample Size	Critical Values for Level of Significance (alpha)				
	0.150	0.100	0.050	0.025	0.010
361	1.131	1.216	1.349	1.470	1.617
Reject?	No				

Equal-Probable Chi-Square Test with Model 5 - Exponential(E)

Number of intervals   40
Expected (model) count   9.025
Test statistic   37.55956

Warning: The test may not be statistically valid because a method
          other than maximum likelihood was used to estimate parameters.

Degrees of Freedom	Observed Level of Significance	Critical Values for Level of Significance (alpha)				
		0.25	0.15	0.10	0.05	0.01
39	0.536	44.539	48.126	50.660	54.572	62.428
	Reject?	No				

图 8-35 数据检验结果

4) 模型应用

在 Simulation Representation 中，选择 FlexSim 软件，以及刚才通过检验的分布，单击 Apply，就能够得到仿真模型所使用的参数了，如图 8-36 所示。

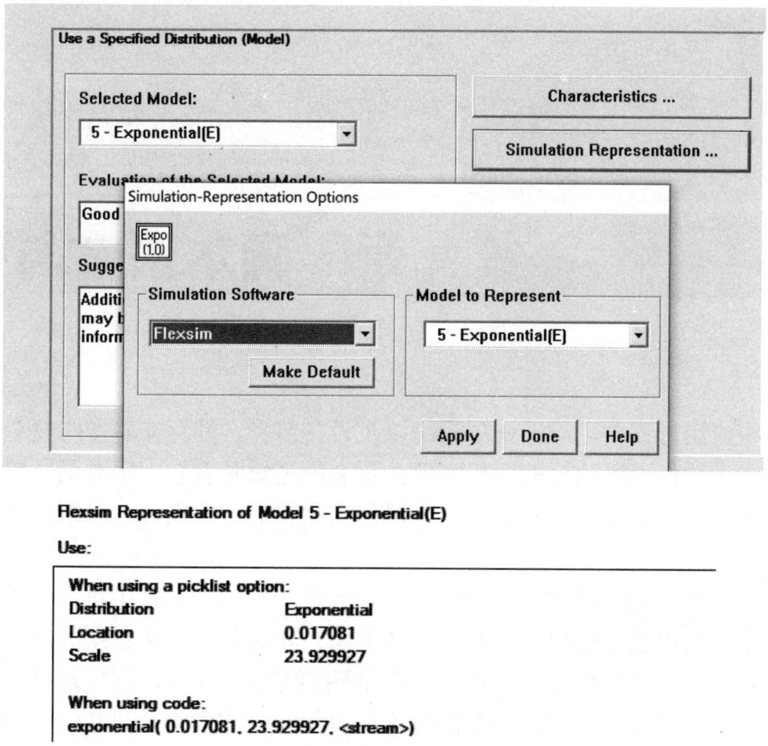

图 8-36　统计分布参数导出

 总结与思考

通过实验器和优化器的应用，能够快速地在多变量目标优化中找到最优解。因此需要能够对现实问题进行准确的描述，能够明确表述出所需要实现的目标，并且设定好变量值域，此后才能够利用强大的仿真计算能力进行目标寻优。读者可以进一步思考如下问题。

(1) 能否将运筹学中学过的最优化知识转化为仿真模型，并且利用工具求解？
(2) 如果在数据缺失的情况下，如何才能获得数据并且应用于创建仿真模型？

微课视频

扫一扫获取本章相关微课视频。

8-1(讲解).mp4　　　　　　8-2(讲解).mp4

第九章 脚本语言与树结构

在现实系统应用过程中，对于业务系统以及设备自身，都存在着非常复杂的逻辑与驱动关系，如果仅依靠软件内置的功能要想实现自定义的逻辑是有较大困难的。然而，在每一版本的软件升级过程中，都会将一些常用的逻辑作为内置的对象嵌入，以减少重复编写代码的工作量。

在 FlexSim 软件中内置了 FlexScript 语言，这是一种脚本解释语言，简单地说，就是一条条的文字命令，可以通过任何编辑器打开并编辑，在执行时，由系统的解释器翻译成机器可以识别的指令，并且按照程序顺序执行。在早期的 FlexSim 中，程序运行前需要进行编译(Compile)以加快程序的运行速度，当前的脚本语言已经不需要这一过程了，与传统编程方法相比，脚本语言具有语法结构简单、学习成本低、易于开发和修改等特点，极大地提高了代码编写的效率。只要通过一段时间的学习，读者都能够快速掌握 FlexScript 的语法，进而编写更为复杂的仿真逻辑。

在学习过程中，不建议从头到尾系统地学习 FlexScript 的每一条命令，实际上也没有这个必要。更好的学习步骤如下所述。

(1) 了解本章中的基本语法规则。
(2) 从一些简单命令开始理解 FlexScript 的逻辑，编写实现一定功能的脚本代码。
(3) 浏览 FlexScript 类别，从总体上了解代码能够实现的主要功能。
(4) 在应用过程中随时查找参考手册。
(5) 为自己所编写的脚本写好注释，以便回顾和重复使用。

第一节 FlexScript

一、FlexScript 的一般规则

(1) 语言区分大小写(A 与 a 不同。尽管如此，不建议使用大小写来进行变量名区分)例如下面的代码。

```
int a=1;
```

```
int A=10;
print(a+A);
```

系统输出的值为 11。

(2) 不需要特定的格式(但是使用空格、制表位或者换行的形式能够有效改善代码的可读性)。

(3) 文本字符串通常在引号之间输入"mytext"。

(4) 括号在函数调用之后，使用逗号分隔函数的参数 Moveobject(object1，object2)。

(5) 行或函数调用的结尾将始终以分号(；)结尾，如果忘记或者使用了中文下的分号，系统会给出提示："syntax error, unexpected end of code, expecting ';' check for the proper number of parentheses/braces"。

(6) 括号也可以自由用于在数学和逻辑语句中建立关联。

(7) 花括号用于定义语句块。

(8) 要注释掉一行的其余部分，请使用//，被注释掉的部分用绿色字符显示，一般可用作代码的注释部分。

(9) 要注释掉文本块，请使用/*文本*/，对于大段以及跨行的注释文本，可以采用这一方式。

(10) 不要在名称定义中使用空格或特殊字符(如果对于特别长的名称建议使用下划线进行连接，例如 my_label)。

(11) 命名的变量和明确的值可以在编写表达式时互换。

二、FlexScript 的语法

1) 变量的定义

变量命名规范：在 FlexScript 中，大小写是有严格区分的(A 与 a 是不同的变量)，因此在变量命名规则中，不建议使用 a、b、c 等无意义的变量名，这会对其他人读取代码造成困扰。

比较好的变量命名规范是全部采用小写字母，有复杂含义的变量可以使用下划线。如 customer_wait_time，而 CustomerWaitTime 这种表达方式可以统一用于系统图表等，此外不建议使用拼音表达如：kehudengdaishijian。

2) 变量类型

FlexSim 使用各种变量类型，表 9-1 列出了常用的变量类型。完整列表请查阅 https://docs.flexsim.com/en/20.2/Reference/CodingInFlexSim/FlexScriptAPIReference/FlexScriptClassReference.html。

表 9-1 变量类型

类 型	描 述	举 例
int	整数变量	一个数字类型,可容纳有限范围的整数。值域范围在 $2^{-31}+1$~$2^{31}-1$ 最小值= −2147483647 最大值= 2147483647 因此在使用变量时需要考虑到值域范围 如-1，0，1，2，3…… 一般在做计数器的时候使用，如 for(int count= 0, count < num, count++)

续表

类型	描述	举例
double	双精度浮点型数值变量	浮点型变量，能够使用双字节字长，所能够存储的数字不会出现越界的风险。例如仿真的时间，长度等都可以使用 double 型变量
string	字符串型变量	string str="Hello World";
treenode	树节点变量	FlexSim 模型中的对象都存在于树节点上。通过对节点位置的引用，可以构建大量复杂交互逻辑。 例如，在传送带上，对当前位置、上一个、下一个对象的引用就需要使用树节点变量 Prev、Next treenode src = model().find("Source1");
Variant	变体变量	可以容纳数字、字符串、树节点或数组类型，由于 Variant 只是其他数据类型的灵活容器，因此其方法和属性只是该 Variant 所持有类型的各种方法和属性的转发器。例如 Variant node = param(1); node.name = "Object1"; node.value = 5;

Array	Variant 的动态数组	Array myArray = Array(5);//初始化一个有五个元素的数组
		myArray[2] = "Hello World";//字符串
		myArray[3] = 5.7;//数值
		myArray[4] = Model.find("Source1");//树节点
		myArray[5] = Array(10); // 创建 2 维数组，此时可以调用 myArray[5][2]

Object	带有对象数据的树节点	对象具有树节点的所有功能，还可提供访问对象数据和操纵 3D 对象的功能。
		例如：
		//让 Operator1 执行 Walk 动画
		Object obj = Model.find("Operator1");
		obj.animations["Walk"].start();
		obj.color = Color.red;//设置对象颜色为红色
		obj.centerObjects[1];//获取当前对象 1 号中心端口链接的对象

Color	颜色的 RGBA 分量	包含颜色的 Red,Green,Blue,Alpha 信息，rgba 的取值范围在 0～1 之间。例如 current.color = Color(0.1, 0.6, 0.3, 0.5);
Vec3	向量的 XYZ 分量	表示位置，旋转，大小，3D 矢量和点。包含用于执行常用向量操作的函数

Table	代表表格结构的类	可以对表格进行增加、删除、查询、复制等一系列功能，例如：
		table.clear();//清除表格内容
		Array myArray = Table("Parts").clone();//创建表格副本
		table.addCol(2);//为表格增加一列

续表

类型	描述	举例
List	用于同步任务和逻辑对象的动态列表	列表是一个功能强大的工具,可以在 FlexSim 中具有许多应用程序。列表中的每个值可以是数字、字符串或对仿真模型中对象的引用。列表还可利用 SQL 的表达能力来搜索、过滤和确定列表中的值的优先级。例如: List("ItemList").backOrders().length //查询未完成订单的长度
var	根据类型推断变量	例如 var value = 3;

3) 变量的声明与使用

变量一定需要先声明才能够使用。

以下是一些变量声明的例子。

```
int index = 1;  //定义了一个变量名为 index 的整型数值变量,并赋值为 1
double weight = 175.8;//定义了一个双精度数值变量 weight,赋值 175.8
string category = "groceries";//定义了一个字符串变量 category,赋值为 groceries,
                              //字符串变量一定需要使用双引号""
treenode nextObj = Model.find("Processor1");//定义了树节点变量 nextObj,值为
                              //模型中寻找名称为 Processor1 的
                              //书节点
Variant cellValue = table[2][3];//定义了表格变量 cellValue,取值来自表格的二行三列
var value = 3;//定义了可变变量 value,值为 3
```

注意,在变量声明后需要使用分号作为结束。

如果变量没有声明就使用了,在应用前系统会检测代码中的错误,并给出提示"Undefined variable a being used"(使用了未经定义的变量 a),如图 9-1 所示。

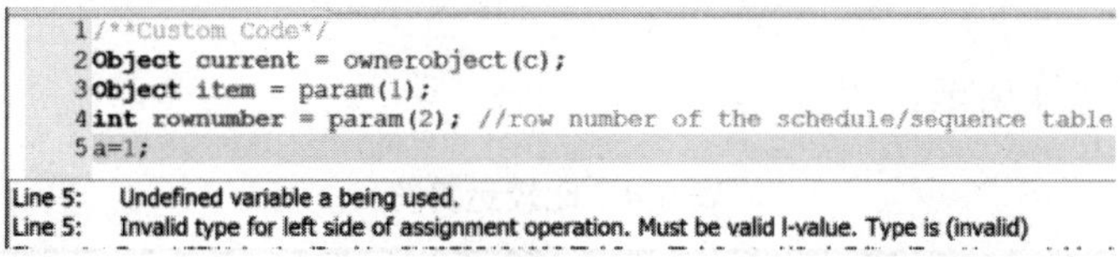

```
1/**Custom Code*/
2 Object current = ownerobject(c);
3 Object item = param(1);
4 int rownumber = param(2); //row number of the schedule/sequence table
5 a=1;
Line 5:    Undefined variable a being used.
Line 5:    Invalid type for left side of assignment operation. Must be valid l-value. Type is (invalid)
```

图 9-1 变量未声明出错提示

三、数学运算

1) 数值运算

数值运算如表 9-2 所示。

表 9-2 FlexScript 数值运算

运 算 符		浮点计算(结果)	整型计算(结果)
+	加法	1.6+4.2 (=5.8)	2+3 (=5)
−	减法	5.8−4.2 (=1.6)	5−2 (=3)
*	乘法	1.2 * 2.4 (=2.88)	3*4 (=12)
/	除法	6.0/4.0 (=1.5)	20/7 (=2)

续表

运算符		浮点计算(结果)	整型计算(结果)
%	整数除法求余数		34%7(=6)
Math.sqrt()	平方根	Math.sqrt(5.3) (=2.3)	
Math.pow()	求幂	Math.pow(3.0,2.2) (=11.2)	Math.pow(3,2) (=9)
Math.round()	四舍五入	Math.round(5.6) (=6)	
Math.frac()	求小数部分	Math.frac(5.236) (=0.236)	
Math.fabs()	求绝对值	Math.fabs(−2.3) (=2.3)	
Math.fmod() (floating point mod)	浮点数除法求余数	Math.fmod(5.3,2) (=1.3)	

2) 赋值运算

赋值运算如表 9-3 所示。

表 9-3 赋值运算符

运算符	示 例
=	x = x + 2;
+=	x += 2; (等价于 x = x + 2)
-=	x -= 2; (等价于 x = x − 2)
*=	x *= 2; (等价于 x = x * 2)
/=	x /= 2; (等价于 x = x / 2)
++	x ++; (等价于 x = x + 1)
--	x --; (等价于 x = x - 1)

3) 比较运算

比较运算如表 9-4 所示。

表 9-4 比较运算符

运算符	例子(结果)
> (greater than)	1.7 > 1.7 (false)
< (less than)	-1.7 < 1.5 (true)
>= (greater than or equal to)	45 >= 45 (true)
<= (less than or equal to)	45 <= 32 (false)
== (equal to)	45 == 45 (true)
!= (not equal to)	45 != 35 (true)
string comparisons	current.name == "Processor5"
pointer comparisons (treenodes, Objects)	current == Model.find("Processor5")

注意,在使用==进行比较时,如果比较两个双精度浮点值,并且其中一个或两个值是使用数学运算计算出来的,则==运算符通常会出现问题。在执行数学运算时,浮点值可能会失去一些精度。由于==运算符仅在每个值的所有 64 位完全相同时才返回 true,因此即使很小的

精度损失也将导致==运算符返回 false。在这种情况下，需要通过 fabs(value1-value2)<0.000001 验证两个值是否在有微小误差的范围内，并返回 true。

4) 关系运算

关系运算如表 9-5 所示。

表 9-5 关系运算符

Operation	Example
&& (logical AND)	x>5 && y<10
|| (logical OR)	x==32 || y>45
! (logical NOT)	!(x==32 || y>45)
Math.min()	Math.min(x, y)
Math.max()	Math.max(x, y)

四、命令的执行

在 FlexScript 中，命令的执行一般采用如下的形式。

`commandname(parameter1,parameter2,parameter3...);`

首先输入命令的名称，然后在小括号内输入每一个参数，用逗号分隔参数，参数可以是变量、表达式，甚至命令自身，最后用分号结束语句。

例如发送消息命令 senddelayedmessage 命令的形式参数为

`senddelayedmessage(obj toobject, num delaytime, obj fromobject [, num par1, num par2, num par3]);`

根据命令的结构，可以写出如下命令：

`senddelayedmessage(current.inObjects[1],5,current,1,2,3);`

该段命令的含义是，从当前(current)向当前 1 号输入端口所连接的实体(current.inObjects[1])对象发送一条延时 5 个单位的信息，携带的参数为 1，2，3。

如果对于命令不够了解，请参阅软件帮助菜单下的命令文档。

五、点语法

在 Objective-C、Java、Swift 等高级语言中，都可以使用"对象名.成员变量名"来访问对象的公共成员变量，这个就称为"点语法"。在 FlexScript 中，诸如 treenode、Object 和 Variant 等类均可以使用这种调用方法，使用点语法访问属性、变量、标签等。

点语法一般采取如下形式。

`object.method(parameter1,parameter2,parameter3...);`

例如：

```
current.setLocation(1, 1, 1);//将当前对象的空间位置设置为(1, 1, 1)
treenode lastItem = current.last;//定义树节点变量lastItem为当前对象子节点的最后一个
treenode item3 = current.subnodes[3];//定义树节点变量item3为当前第三个子节点
int quantity = current.quantity;  //获取当前标签名为quantity的值
```

六、代码流程结构

1) if 逻辑条件判断

if 逻辑条件判断的含义为,如果表达式为真,则 if 语句允许执行一段代码,如果表达式为假,则可以执行另一段代码。构造的 else 部分是可选的。

if 语句
```
if (/*Condition*/) {
    /*Statements-On-Condition-Met*/
} else {
    /*Statements-On-Conditon-Fail*/
}
```

例如:
```
if (item.subnodes.length == 2)
{
    item.color = Color.red;
}
else
{
    item.color = Color.black;
}
```

另一种更为简洁的 if 条件判断的写法为:condition ? value_if_true : value_if_false
例如:
```
return time() > 1440 ? 10 : 20
```

上一句话和以下的代码是等效的,节约了代码空间。

```
if (time() > 1440)
{
    return 10;
}
else
{
    return 20;
}
```

2) while 循环

while 循环将继续循环通过其代码块,直到测试表达式变为 false。

```
while (/*Condition*/) {
    /*Statements*/
}
```

例如:
```
while (current.subnodes.length > 2)
{
    current.last.destroy();
}
```

3) for 循环

for 循环类似于 while 循环,除了通常在确切知道要遍历代码块多少次时才使用它。start

表达式仅执行一次,以初始化循环。测试表达式在每个循环的开头执行,并且该表达式为false时循环将停止,就像while循环一样。计数表达式在每个循环的末尾执行,通常会增加一些变量,表示一次迭代结束。

```
for (int i = 1; i <= /*Number-of-Iterations*/; i++) {
    /*Statements*/
}
```

例如:

```
for (int index = 1; index <= current.subnodes.length; index++)
{
    current.subnodes[index].as(Object).color = Color.blue;
}
```

4) switch 选择

使用switch语句,可以根据要打开的变量从多种可能性中选择执行一段代码。开关变量必须是整数类型。下面的示例将类型1的项的颜色设置为黄色,将类型5的项设置为红色,将所有其他类型的项设置为绿色。

```
switch (/*Value*/) {
    case 1:
        /*Statements-for-val-1*/
        break;
    default:
        /*Statements-for-everything-else*/
        break;
}
```

例如:

```
switch (item.type)
{
    case 1:
    {
        item.color = Color.yellow;
        break;
    }
    case 5:
    {
        item.color = Color.red;
        break;
    }
    default:
    {
        item.color = Color.green;
        break;
    }
}
```

注意:应避免死循环。

5) 程序重定向

每个流程构造都可以在执行期间使用continue,break或return语句重定向。下面说明了每个语句的工作方式。

continue; 仅在For和While循环中有效。暂停循环的当前迭代,然后继续循环中的下一个迭代。在For循环中,计数器在继续之前增加。

break;仅在 For,While 和 Switch 语句中有效。中断当前的 For,While 或 Switch 块,并继续紧接该块之后的行。嵌套语句仅会脱离当前语句,然后继续包含语句。

return 0;完全返回当前方法,并从调用此方法的代码之后的行继续。return 语句后需要一个值,因为所有 FlexScript 命令(包括选择列表和触发器)都返回 Variant 类型。如果仅仅写 return;是无效的。

七、基本建模函数

在建模时需要了解一些最为基本的函数以及概念,后续的使用可以在掌握一般规则的基础上查阅软件手册进行深入学习。

1) Current 和 Item 的含义

这是在系统中最常用的两个指代变量,如图 9-2 所示。

current-当前变量是对当前资源对象的引用。它通常用于指代模型中的固定实体。

item -临时实体变量是对触发器或函数所涉及项目的引用。它通常是在模型运行过程中对可移动实体进行的指代。

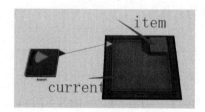

图 9-2　Current 和 Item 的指代含义

例如下列代码在 Queue 中的 OnEntry 触发中写入:

```
{
Object obj=item;
obj.color = Color.black;
}
{
Object obj=current;
obj.color= Color.red;
}
```

可以分别将 item(指代 box)和 current(指代 Queue 自身)的颜色设置为黑色与红色。注意,此处两个大括号内都使用了 obj 这个变量名,如果没有大括号的话,系统将会报告重复变量定义错误(duplicate variable name in scope)。因此,为了避免问题发生,最好使用不同的变量名,以避免错误发生。

2) 引用对象

引用对象如表 9-6 所示。

表 9-6　对象引用

命　令	解　释	举　例
node.first	返回当前对象/节点中子节点第一个的引用	current.first
node.last	返回当前对象/节点中子节点的最后一个的引用	current.last

续表

命 令	解 释	举 例
node.subnodes[ranknum]	返回当前对象/节点中子节点的给定排序的引用	current.subnodes[3]
object.inObjects[portnum]	返回对连接到对象输入端口号的对象的引用	current.inObjects[1]
object.outObjects[portnum]	返回对连接到对象输出端口号的对象的引用	current.outObjects[i]
object.centerObjects[portnum]	返回对连接到对象中心端口号的对象的引用	current.centerObjects[1]
node.next	返回节点下一个对象的引用	item.next
node.prev	返回节点先前对象的引用	item.prev
node.find(path)	返回节点在树的路径中找到的对象	Model.find("Operator2")

以图 9-3 举例说明：对于传送带 conveyor 作为 current 来说，current.first 指代了第一个进入的 box，current.last 指代了最后一个进入的 box，current.subnodes[3]指代了第三个进入的 box。current.inObjects[1]指代了当前 1 号输入端口所指向的对象 source，current.outObjects[1]指代了当前 1 号输出端口所指向的对象 queue，current.centerObjects[1]指代了当前 1 号中心端口所指向的对象 operator。

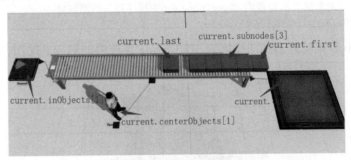

图 9-3 对象引用说明

在模型的树结构中能够更为清楚地展现这一关系，如图 9-4 所示。

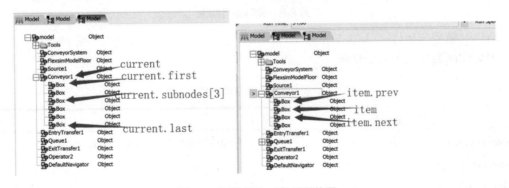

图 9-4 树结构中对象引用位置

3) 对象属性

对象属性如表 9-7 所示。

表 9-7 对象属性

命 令	说 明
object.name	返回对象的名称
object.name = newName;	将对象的名称设置为 newName
object.color = Color.color	将设置对象的颜色(其中颜色为红色, 绿色, 蓝色, random()等)
object.color =Color(red,green,blue)	将对象的颜色设置为 rgb 颜色, 取值在 0~255
setobjectshapeindex(object, indexnum)	设置对象的 3D 形状
setobjecttextureindex(object, indexnum)	设置对象的 3D 纹理

举例说明：在图 9-5 中的 Queue 的 onEntry 触发中写入如下代码。

```
item.name="box_entry_time:"+time();
//设置 item 的名字为 box_entry_time:时间, 时间读取当前对象进入时的仿真系统时间。
item.color=Color.random();
//设置 item 对象的颜色为随机颜色。
current.color=Color(0,255,0);
//将当前 queue 的颜色设置为绿色。
setobjectshapeindex(item,2);
//将当前 item 对象的外形设置为 flowItemBox 中排序第二的圆柱体。
setobjecttextureindex(item,1);
```

//将当前 item 对象的外形贴图设置为 3D Texture 排序中的第一个贴图。

图 9-5 代码运行结果

4) 对象空间属性

对象空间属性如表 9-8 所示。

表 9-8 对象空间属性

命 令	解 释
object.location.x object.location.y object.location.z	分别获取对象的 x, y 和 z 位置
object.setLocation(xnum, ynum, znum)	设置对象的 x, y 和 z 坐标
object.size.x object.size.y object.size.z	分别设置对象的 x, y 和 z 大小

续表

命　令	解　释
object.setSize(xnum, ynum, znum)	设置对象的 x，y，z 轴大小
object.rotation.x object.rotation.y object.rotation.z	分别获取对象 x,y,z 三个坐标的旋转
object.setRotation(xdeg, ydeg, zdeg)	设置对象的 x,y,z 轴旋转角度

5) 对象统计

对象统计如表 9-9 所示。

表 9-9　对象统计命令

命令(参数列表)	解　释
object.subnodes.length	返回当前对象子节点数量
object.stats.input	返回对象输入统计信息
object.stats.output	返回对象输出统计信息
obj.stats.state().value = statenum	设置对象当前状态(以状态数值表示)
obj.stats.state().value	返回对象当前状态值
obj.stats.state().valueString	以字符串形式返回对象当前状态
object.rank	返回对象的排序
object.rank = ranknum	设置对象的排序
getentrytime(item)	返回可移动实体进入当前对象的时间
getcreationtime(item)	返回可移动实体创建时间

举例说明：在图 9-6 的模型中，如果在 Script 窗口中使用下列命令，返回值如注释中所列举。

(1) Model.find("Conveyor1").subnodes.length　　//获得当前 Conveyor1 子节点长度。

(2) Model.find("Conveyor1").as(Object).stats.input.value　//返回当前 Conveyer1 输入信息统计。

(3) Model.find("Conveyor1").as(Object).stats.output.value　//返回当前 Conveyer1 输出信息统计。

(4) Model.find("Conveyor1").as(Object).stats.state().value //返回对象当前状态值为 13。

(5) Model.find("Conveyor1").as(Object).stats.state().valueString　//以字符串形式返回对象当前状态为 conveying。

(6) Model.find("Conveyor1").as(Object).rank //返回当前 Conveyor1 的排序值为 7，在 Tree 中的位置。

(7) Model.find("Conveyor1").as(Object).rank = 2 //将 Conveyor1 的排序值改为 2，如图 9-7 所示。

(8) 获取进入时间或者创建时间一般用于写入对象标签，如图 9-8 所示。

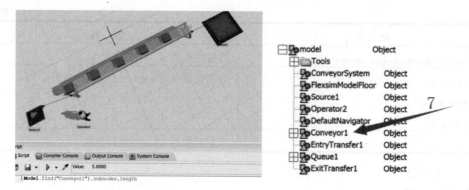

图 9-6　寻找 Conveyor1 在 Tree 中的位置

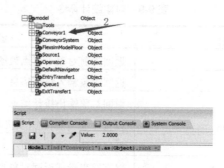

图 9-7　更改 Conveyor1 的排序值

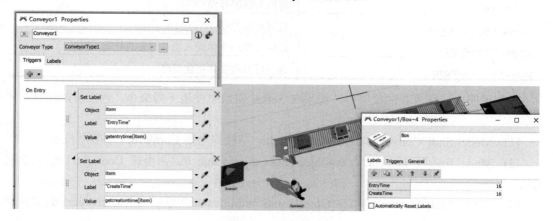

图 9-8　获取创建、进入时间

6) 对象标签

对象标签如表 9-10 所示。

表 9-10　对象标签命令

命令(参数列表)	解　释
object.labelName	返回对象标签值
object.labels[labelRank].value	

续表

命令(参数列表)	解 释
object.labelName = value object.labels[labelRank].value = value	设置对象标签值
object.labels["labelname"] object.labels[labelRank]	返回对标签的引用作为节点。如果有用作表的标签，则通常使用

举例说明：

在图 9-9 中，如需获得传送带上第二个 box 的 EntryTime 标签值，需要用下面的代码获取：Model.find("Conveyor1").subnodes[2].EntryTime。

如果需要设置标签值，可以如图 9-10 所示直接输入下面的代码：

Model.find("Conveyor1").subnodes[2].EntryTime = 100

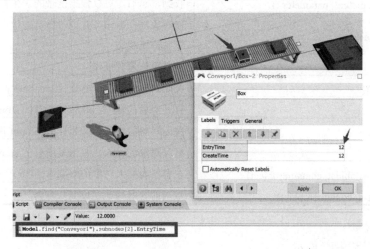

图 9-9　获取传送带上第二个 box 的进入时间标签值

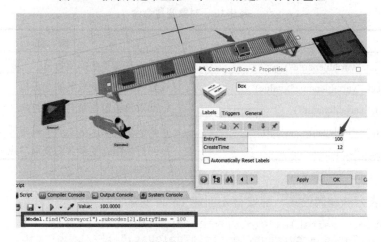

图 9-10　写入传送带上第二个 box 的进入时间标签值

7) 对象控制

对象控制如表 9-11 所示。

表 9-11 对象控制命令

命令(参数列表)	解 释
obj.input.close()	关闭对象的输入
obj.input.open()	重新打开对象的输入
obj.output.close()	关闭对象的输出
obj.output.open()	重新打开对象的输出
sendmessage(toobject, fromobject, parameter1, parameter2, parameter3)	立即发送消息给指定对象，toobject 的消息触发器收到消息后，可以根据携带的 3 个参数作出响应
senddelayedmessage(toobject, delaytime, fromobject, parameter1, parameter2, parameter3)	发送延迟消息给指定对象，toobject 的消息触发器收到消息后，可以根据携带的 3 个参数作出响应
object.stop(downstate)	使对象停止操作，并进入指定的状态，常用于模拟设备停机状态
object.resume()	使对象恢复其操作
obj.output.stop()	关闭对象的输出，并累计 stopoutput 请求
obj.output.resume()	打开对象的输出，并恢复所有的 stopoutput 请求
obj.input.stop()	关闭对象的输入，并累计 stopinput 请求
obj.input.resume()	打开对象的输入，并恢复所有的 stopinput 请求
insertcopy(originalobject, containerobject)	在容器内插入对象的新副本(用于对象创建)
moveobject(object, containerobject)	从当前容器移动对象到新容器

8) 对象变量

对象变量如表 9-12 所示。

表 9-12 对象变量命令

命令(参数列表)	解 释
getvarnum(object, "variablename")	返回指定变量名的变量值
setvarnum(object, "variablename", value)	设置对象给定变量名的变量值
getvarstr(object, "variablename")	返回对象给定变量名的字符串变量
setvarstr(object, "variablename", string)	设置对象指定变量名的字符串变量
getvarnode(object, "variablename")	返回对象指定变量名的变量节点

9) 表格

为了访问表方法和属性集，需要首先创建 Table 变量。

```
Table table = reftable("GlobalTable1"); //Global tables
Table labelTable = current.labels["TableData"]; //Label table
```

表格命令的具体内容如表 9-13 所示。

表 9-13　表格命令

命　　令	解　　释
table[row num/name][col num/name]	返回表中指定行和列中的值
table[row num/name][col num/name] = value;	在表的指定行和列中设置值
table.setSize(rows, columns)	给定行列数值设定表的大小
table.numRows	返回表格的行数
table.numCols	返回表格的列数
table.clear()	将表格中的所有数字值设置为 0

第二节　树　结　构

一、FlexSim 树结构

树结构 Tree 是 FlexSim 的核心概念，仿真模型中的对象均存储在树结构中。其基本结构和操作系统中的资源浏览器概念接近。对象的属性、变量、子节点等信息均存储在树结构中。树结构共有三种不同的视图，即主树、模型树(与模型相关的实体和数据)和视图树(与 GUI 相关的实体和下拉列表)，如图 9-11 所示。

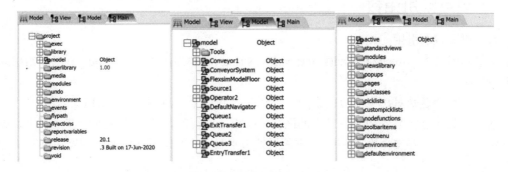

图 9-11　树结构三种视图

可以使用树视图详细地展开模型结构和实体，树图中包含了库实体、命令以及所有的模型信息。

树节点的排序(Rank)是在同级节点上的排序，例如，model() 中 Rank 为 1 的节点是一个文件夹(Tools)，是在建模过程中使用的工具，例如"Global Table"，添加一个"Global Table"后，它的树节点就被保存在 Tools 文件夹中。

父节点和子节点：通过节点左边的"+"展开的节点，是这个节点的子节点，该节点为父节点。在 3D 视图中，作为子节点的实体会随着父节点的移动而移动，但是拖动作为子节点的实体，父节点并不会移动。每个实体所在的三维坐标系是它的父节点。

属性节点：通过节点左边的">"展开的节点是这个节点的属性节点，与这个节点并没有父子节点关系。

二、树节点

节点是树结构最基本的组成模块，节点包含了实体、GUI 和数据。
1) 节点的结构
——节点有名字。
——节点可以拥有一个数据类型(数值、字符串、实体)。
——使用">"查看实体的属性节点。

——如果该节点具有子节点，使用"+"展开子节点

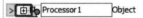

2) 节点的图标
📁 标准文件夹节点。
🔷 实体节点。
⚫ 实体数据。
🆂 函数(Flexscript)。
🅲 函数(C++)。

三、树节点常用函数

1) 树节点的引用

多级引用命令：treenode.find(string path)，string path 为从当前 treenode 节点开始指向指定节点的路径。

这个函数会返回对这个节点的引用，如果未找到这个节点则返回 NULL。

这里需要注意子节点和属性节点的区别，在指定路径时，使用"/"进入子节点目录，类似于在资源管理中打开文件夹。使用">"进入属性节点目录，类似于在资源管理器中打开文件的属性。

例如可以使用如下命令进行树节点搜寻：Model.find("Processor/Box>visual/color/red")。在树中的位置如图 9-12 所示。

树节点的排序或名称搜索方式如下所述。

```
treenode.subnodes[i]          //节点 treenode 的第 i 个子节点
treenode.rank                 //节点 treenode 的排序,是一个整型值
treenode.subnodes.length      //节点 treenode 的子节点的数量，是一个整型值。这个方
                              //法经常被用来获取一个实体的当前的 item 的数量。
treenode.subnodes["name"]     //节点 treenode 的名为"name"的子节点，即以 treenode
                              //为父节点，搜索该节点下名为"name"的节点
```

查找树节点与其他节点相对位置的命令如下所述。

```
treenode.first                //节点 treenode 的第一个子节点
treenode.last                 //节点 treenode 的最后一个子节点
treenode.prev                 //节点 treenode 的上一个节点
treenode.next                 //节点 treenode 的下一个节点
```

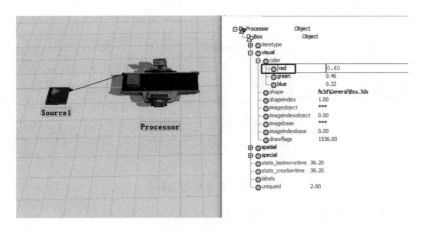

图 9-12　树节点搜寻

2)　访问树中的数据

treenode.value // 获取或者设置节点 treenode 的值(这个点语法代替了本来的 getnodenum 和 getnodestr)。无论这个节点的数据类型是什么，都可以用 treenode.value 返回它。

注意：有些时候需要获取或者设置一个节点的数据类型，可以使用 treenode.dataType。

四、实体常用函数

实体(Object)是 FlexSim 中实现各种逻辑的对象。实体不同于 treenode，需要经过转化后方可使用。实体主要包括固定实体、任务执行器、临时实体。

1)　实体引用

current 为当前实体，也就是代码所在的实体。

item 为导致事件触发的临时实体。

model()引用模型树。

通过路径可以直接访问模型树中的实体，例如使用 Model.find("Processor")在模型中寻找名称为 Processor 的实体。

通过与其他实体的连接

```
obj.inObjects[i]        //实体 obj 的进入端口的 i 号端口所连接的实体
obj.outObjects[i]       //实体 obj 的输出端口的 i 号端口所连接的实体
obj.centerObjects[i]    //实体 obj 的中间端口的 i 号端口所连接的实体
```

注意：在建模的时候，我们有些时候需要判断指定的实体是否存在，可以用函数 objectexists (obj object)来判断，这个函数会返回一个布尔值。

2)　实体的基本信息

可以通过 Flexscript 获取或者设置实体对象的各种信息，如标签、颜色、坐标、三维尺寸、旋转等。

对于实体对象，可以直接通过标签的名称来引用这个对象，比如我们经常使用的临时实体的"Type"标签，可以直接通过 item.Type 来获取标签的值或者设置标签的值。

实体对象的标签被存储在它的 labels 节点下，可以使用 obj.labels["labelname"]的方法引用这个节点。如果需要返回标签的值，那么使用 obj.labels["labelname"].value 的方法即可，如

图 9-13 所示。

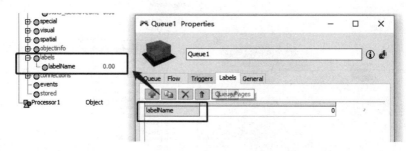

图 9-13 实体标签值获取

对于标签这种常用的属性，可以通过 obj.labelname 的方法快速引用。

例：

```
int n = item.Type    //定义整型变量 n，值为 item 的标签 Type 的值
item.Type = 1        //将 item 的标签 Type 的值设为 1
```

注意：如果标签的名称中包含了空格，那么只能通过 obj.labels["labelname"]的方法引用标签。所以在建模过程中，给对象添加标签时，标签的名称最好不要带有空格，如有需要可以用下划线。

其他一些实体的基本信息的相关函数可以通过查询命令帮助获取，这里就不过多赘述。

3) 实体的统计信息

实体的统计信息被储存在它的"stats"节点上，可以通过函数引用他们或者获取它们的值。通过点语法可以快速地引用这些节点。

例：current.stats.input

当需要统计一个实体输入的 item 的数量时，就可以用 obj.stats.input.value 获取，实体统计信息的树结构如图 9-14 所示。

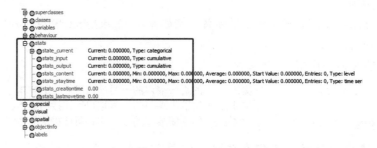

图 9-14 实体统计信息的获取

4) 实体的状态

实体的状态数据被记录在这个实体的节点 stats>state_current>profile 中，如图 9-15 所示。

获取当前状态。节点 stats>state_current 是实体当前的状态，可以通过 obj.stats.state().value 获取实体的当前状态。这个函数的返回值是一个整型数值，每个数字对应一个状态，具体的对应关系可以查询参考文档中命令帮助。

设置当前状态。可以通过函数 Object.setState(state)设置实体 Object 的状态，括号中可以是整型数值，也可以是软件预设的状态(全局变量)。

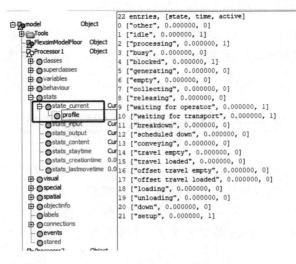

图 9-15 实体当前状态存储位置

5) 实体的控制

在建模的过程中，我们经常要控制实体，比如开关端口、发送消息、移动实体等。使用代码控制会让模型更灵活。

打开/关闭端口：

```
Object.input.close()  // 关闭输入端口
Object.input.open()   // 打开输入端口
Object.output.close() // 关闭输出端口
Object.output.close() // 打开输出端口
```
停止/恢复实体
```
Object.stop(int state[, int id , int priority , int stateProfile])
// 停止实体并设置状态
Object.resume([int id , int stateProfile])  // 恢复实体
```

注意：Object.stop 这个方法是累计的，其中可选参数 id 为 stop 的标记，具有 id 的 stop 需要用具有相同 id 的 Object.resume 进行恢复。

发送消息

```
sendmessage(obj toobject, obj fromobject [, var par1, var par2, var par3])
//发送消息
senddelayedmessage(obj toobject, num delaytime, obj fromobject [, num par1, num par2, num par3])  //发送延迟消息
```

注意：一般都是使用 senddelayedmessage()，关于发送消息的用法，会在之后的案例中详解。

颜色。可以通过 Object.color 访问实体的颜色属性。为了方便区分 item，我们在建模的过程中经常需要设置 item 的颜色，设置颜色的方法有以下几种。

```
Object.color = Color( double r , double g , double b , double a = 1 )
//根据 RGB 的值设置颜色。
Object.color = Color.black  // 直接设置为黑色
Object.color = Color.byNumber(int number) //根据数值设置颜色，经常和 item.Type
                                          //配合使用。
```

```
Object.color = Color.random()  // 随机生成颜色
```

还有一些颜色生成的方法，可以通过查询命令帮助获取，这里就不过多赘述。

其他一些实体的控制函数(设置坐标、三维等)可以通过查询命令帮助获取，这里就不过多赘述。

第三节 托盘码垛与装箱策略

在物流仓储过程中，经常会使用各种集装工具。托盘、周转箱以及各种包装箱作为承载器具，需要考虑到有效承载、最佳空间利用等一系列要求。

在托盘器具的使用中，最为常用的国标托盘为 1200×1000mm、1200×800mm、1000×800mm 以及 1100×1100mm 等多种规格。企业会根据产品特性以及仓储、运输设施条件选择合适的托盘。

一般来说，托盘码垛需要考虑到堆叠效率以及防止塌垛等问题，常用的有以下四种码放方法：多层不交错堆码、层间纵横交错堆码、层间旋转交错堆码、层间正反交错堆码等。

当前由于自动化设备的使用，在码垛上也会大量使用各种机器人设备，机器人需要能够对产品的形状进行探测，并且能够准确判断在托盘上的码放位置和方向，实现上述的码放策略。在物流系统仿真中，考虑到仿真的真实性因素，需要将码放策略纳入仿真过程。

在 FlexSim 的默认装托盘过程中，采用的是多层不交错堆码方法，而现实中由于产品包装形式的不同，需要进行更改。

实现这一方式有以下几种策略。

(1) 在可移动实体中导入已经建模完成的托盘，将码放方法事先预定义好，作为一个完整实体导入。这一方法可以将一整托货物作为单一实体对待，能够有效降低系统中的可移动实体数量，加速模型的运行。而劣势在于对装托和拆托等行为动作的仿真较为困难。

(2) 采用合成器方法进行装托，在装托时写入打包策略。这种方式可以更好地模拟真实装托和拆托过程，但是系统需要装载更多的可移动实体对象，如果模型中存在大量托盘对象时，会影响到模型的运行速度。

因此，需要根据实际应用场景的不同选择合适的策略。对于最小作业单位就是整托的模型，采取方案 1 更好，而对于有装托和拆托需求的模型则更多需要考虑方案 2。

一、模型描述与需求

在现实物流场景中，商品入库前需要根据托盘和商品的尺寸在托盘上进行码垛，因此在仿真模型中也需要实现商品码垛的逻辑。多种商品规格装箱时，在 FlexSim 中对设计的装箱方案进行仿真，可以验证方案的可行性。

在此，我们所使用的托盘为 1200mm*1000mm*14mm 的标准托盘，所存放的货物为标准盒装货物，尺寸为 600mm×400mm×400mm，码垛方式如图 9-16 所示。

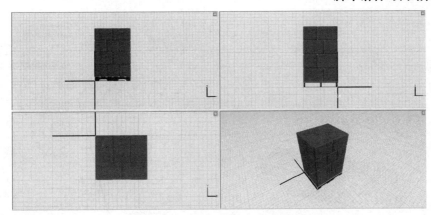

图 9-16 交错码垛三视图

二、模型建模

1) FlexSim 的坐标空间

FlexSim 是三维仿真软件,每一个实体都在三维坐标空间中,为了更好地解释实体的坐标、旋转属性的获取与设置,我们先介绍 FlexSim 的坐标空间。

模型是最大的坐标空间,就是我们所说的 Model,如图 9-17 所示:黑色加粗的十字准星就是该坐标空间的坐标原点。

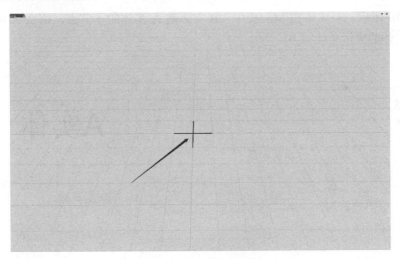

图 9-17 坐标原点位置

实体所在的坐标空间是以它的父节点为基准的。单击一个实体,在它的周围会出现一个黄色的矩形框,该矩形框底面的左上角顶点就是它的子节点的坐标空间原点。在建模之初,单击任意一个实体,然后在右边的快捷属性栏中设置实体在坐标空间中的基准点,如图 9-18 所示的红色球体就是这个实体的基准点,它的坐标就是该实体的坐标。

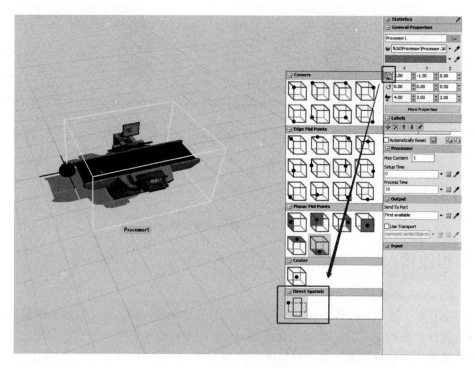

图 9-18　坐标空间基准点位置

如图 9-19 所示，A 实体在 Model 中，B 实体是 A 实体的子节点。那么 A 实体的坐标是 (3,4,0)，B 实体的坐标是 (1,-1,0)。

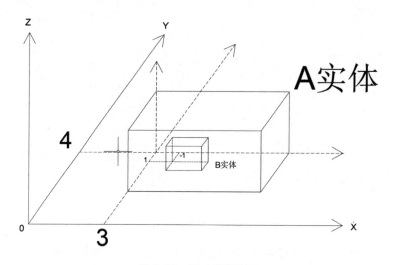

图 9-19　相对坐标位置

2) 实体的旋转

实体的旋转基准点与坐标基准点是不同的，实体旋转时的基准点是该实体的中心。但是旋转后的实体还在原来的位置，并没有跟着实体一起旋转。将图 9-20 的 Processor1 沿 Z 轴旋转 90°后，它的坐标基准点还在原来的位置。在建模的过程中需要注意这一点。

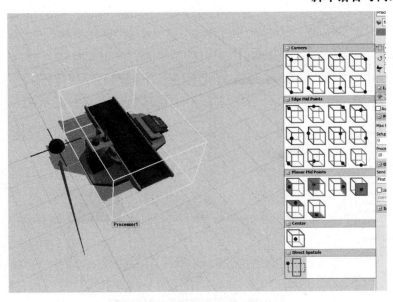

图 9-20　实体旋转与坐标基准点

在当前模型中，有一些 item 在托盘上码垛时是需要旋转 90°的，因为需要紧挨着摆放，所以在编写代码设置 item 在托盘中的坐标时，需要修正因为旋转导致的基准点偏差，如图 9-21 所示。

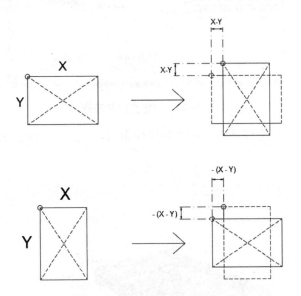

图 9-21　修正旋转后坐标基准点偏差

3)　模型建模

托盘的打包工具是一个触发器，类似于固定实体的进入触发，每一个 item 进入托盘时都会触发，然后设置 item 的坐标和旋转就可以实现 item 在托盘上的自定义码垛了。在 Toolbox 的 FlowItem Bin 中单击"Edit Packing Methods"即可打开打包策略的自定义选项框，如图 9-22 所示。

FlexSim 已经预设了几种常见的打包方法，单击➕创建新的打包方法。单击可编辑

FlexScript 脚本，如图 9-23 所示。

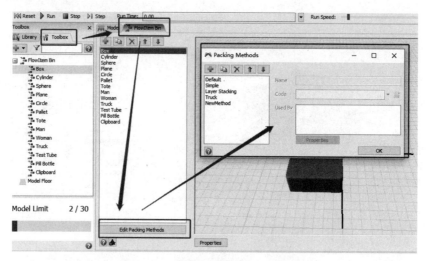

图 9-22　编辑可移动实体打包策略

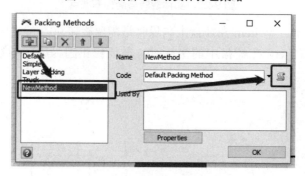

图 9-23　自定义打包策略

在 FlowItem Bin 中双击打开指定托盘的属性窗口，如图 9-24 所示选择编辑好的打包方法即可。

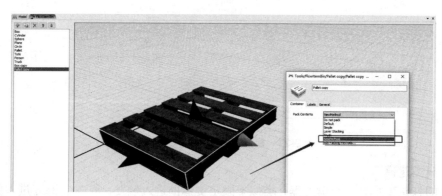

图 9-24　选择打包方法

本案例中，托盘的码垛方式为每层五个 item，一层放置两排，每排两个未经旋转的 item 或者每排三个旋转 90°的 item，依次交替。根据要求，摆放每个 item 时，需要判断它放置的层数、是否需要旋转、是否需要另起一排放置，最后根据上一个 item 的坐标和尺寸设置当前 item 的坐标。

代码如下：

```
/**Custom Code*/
Object item = i;
Object current = c;
Object lastitem = item.prev;//上一个item

double v_rec = (item.size.x-item.size.y)/2;//item原点的纠偏值
int v_floor = (current.subnodes.length-1)/5 + 1;//当前item所在的层(从下往上)
double location_z = current.size.z + item.size.z*(v_floor-1);
//根据托盘的高度和item的高度计算出当前item应当所在的高度
//每一层的第一个item
if(current.subnodes.length%5 == 1)
{
    if(current.subnodes.length == 1)// 如果是托盘上的第一个item
    {
        item.setRotation(0,0,0);
        item.setLocation(0,0,location_z);
        return 0;//跳出触发器
    }
    else
    {
        if(v_floor%2 == 1)//单数层
        {
            item.setRotation(0,0,0);
            item.setLocation(0, 0, location_z);
            return 0;
        }
        else//双数层，第一个item需要旋转放置
        {
            item.setRotation(0,0,90);
            item.setLocation(0-v_rec,0-v_rec, location_z);
            return 0;
        }
    }
}
// 其他item
if(lastitem.rotation.z == 0)//判断如果继续在该行放置item会不会超出托盘的长度
{//no
    if(lastitem.location.x + lastitem.size.x + item.size.x > current.size.x)
//需要转行放置,由于转行放置只会出现第二行的情况，所以不需要再对行数进行判断
        item.setRotation(0,0,90);
        item.setLocation(0-v_rec,-lastitem.size.y-v_rec,location_z);
        return 0;
    }
    else
    {//不需要转行放置
        item.setLocation(
    lastitem.location.x+lastitem.size.x,lastitem.location.y,location_z);
        return 0;
    }
```

```
}
else
{//yes
    if(lastitem.location.x + lastitem.size.y + item.size.y > current.size.x)
// 判断是否需要转行放置
    {//需要转行放置
        item.setLocation(0,-lastitem.size.x,location_z);
        return 0;
    }
    else
    {//不需要转行放置
        item.setRotation(0,0,90);
        item.setLocation(
(lastitem.location.x+lastitem.size.y),lastitem.location.y,location_z);
        return 0;
    }
}
```

其中,"v_rec"是因为 item 经过旋转之后坐标基准点不在 item 顶点上时产生的偏差,由于每一个 item 的坐标是根据上一个 item 进行设置,所以只有每层的第一个需要旋转的 item 和另起一行后需要旋转的第一个 item 需要进行纠偏。"v_floor"是根据当前托盘中的 item 的数量计算出的当前 item 应当在的层数,整型(int)数值被除后的结果为整除的结果。

4) 模型运行

编辑好代码后,使用一个合成器并将 Target Quantity 设置为 20。合成器的上游为两个发生器,托盘的发生器作为 1 号进入端口,Box 的发生器作为 2 号进入端口,并由操作员进行运输,根据要求设置好托盘和 Box 的尺寸。在运行模型后可以看到操作员按照要求在托盘上码垛 Box,如图 9-25 所示。

图 9-25 交错式码垛

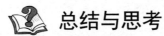

总结与思考

本章首先介绍了仿真的脚本语言和树结构的概念。对于较为复杂的模型逻辑，需要通过编写一定的代码实现。仿真系统将所有的模型参数都写在了树结构中，因此在模型控制中如果熟练地掌握了树结构的使用方法，能够使建模获得事半功倍的效果。本章最后以托盘码垛这一实际物流需求为案例，介绍了具有一定复杂度的模型编程方法。

在现实中，这一问题有较强的实际应用价值，读者可以思考如下两个问题。

(1) 如果 Box 的三维尺寸是随机的，该如何编写 item 在托盘上码放的方法？

(2) 如果容器是一个箱子，Box 的三维尺寸是随机的，怎样能做到容器箱子的最大化利用以节省物流成本？

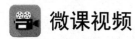

扫一扫获取本章相关微课视频。

9-3 托盘码垛.mp4

第十章 标签及工艺流程应用详解

在仿真过程中,需要从对实体的建模进入到更为抽象的阶段,通过实体的参数来描述对象,通过更为一般性的令牌(Token)来指代可移动实体,并且通过建立工艺流程的方式描述仿真的业务流程。通过本章的学习,读者能够初步掌握利用流程化的描述建立仿真模型的方法。

第一节 标签的关键概念

数字孪生(Digital Twins)已经成为驱动未来世界发展的重要技术,其含义是通过数字化系统构建一个与真实世界对应的仿真环境。用数字化的方式描述真实世界的实体与流程能够更好地实现利用仿真系统对现实世界进行模拟和优化。

现实世界中的每一个实体或者流程都包含了相当多的信息,对这些信息的存储和处理可以采用各种形式的标签。例如,对于商品,采用了条形码技术记录了商品信息,通过可擦写的 RFID 芯片能够记录产品的过程追踪信息,在产品的外包装上,也会使用各种喷码记录产品的生产日期、产地等相关信息。对这些信息的有效记录、存储和查询,能够在流通过程中更好地实现产品的可视化和追踪。

在仿真系统所构建的模型中,也需要对固定实体和可移动实体赋予各种标签信息,用来标识和处理对象的各种不同属性。

例如,在可移动实体加工完成后,需要赋予其加工完成的时间戳标签,这在后续的存储以及出货环节,将成为实现先进先出的重要依据。本节内容将围绕着标签系统展开,研究在仿真系统中标签的各种用法及实例。

一、标签的定义

标签(Label)是构建模型逻辑的关键组成部分。标签可以将信息存储在可移动实体、令牌或者固定实体对象上。在 FlexSim 中,标签可以根据仿真模型中的不同条件跟踪重要信息或动态监控仿真过程中发生的情况。

每个标签都包含三个元素。

(1) 所有者：每个标签都属于一个特定的可移动实体、令牌或者 3D 实体对象。在仿真过程中，需要知道标签属于哪一个主体，以便在仿真过程中引用此标签。

(2) 标签名：每个标签都有一个描述其包含的信息类型的名称，因此可以使用此标签名称来引用标签并从中获取信息。标签的名称在首次创建标签时分配，在整个仿真过程中不会更改。尽管 FlexSim 有时会为某些标签创建默认标签名称，但从可识别的角度，最好创建有意义的标签名称。

(3) 标签值：每个标签都有一个值，其中包含有关标签所有者的信息。标签的差异性很大，值可以是任何类型的数据，例如文本、数字、对其他对象的引用，甚至数组。在仿真运行期间，标签值可能会更改。

以上三个概念在模型对象中的运用如图 10-1 所示。

例如，在创建可移动实体时，需要为每一个创建的实体提供一个名为"CreateTime"的标签，值为获取仿真当前的时间。可如图 10-2 所示设置。

图 10-1　标签的三元素

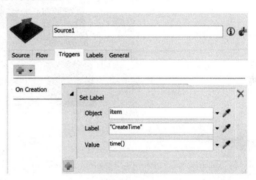

图 10-2　为可移动实体创建时间标签

这个标签值可以在后续的过程中进行读取，并且可以用于计算。例如可以在加工结束后获取结束时间，用时间相减获得从创建到完成加工的总耗时。语句如下所述。

setlabel(item,"TotalTime", item.Duration-item.CreateTime);

二、标签的用途

1) 排序和条件路由

可移动实体在经过固定实体时，往往需要根据产品对象的不同发往不同的下游对象。例如产品根据类型的不同，需要存储在不同的区域，此时不管是推动模式还是拉动模式，都需要根据可移动实体上产品类型的标签进行决策。图 10-3 展示了 Source 创建了 3 种不同类型的产品对象，并根据类型分别发送到下游 1、2、3 号端口所对应的暂存区。

2) 对对象或令牌的修改

标签可以表示对象当前的状态、物理属性以及其他特征。例如在处理器上对可移动实体进行处理后，可以更新其标签的值，以反映在处理后发生的变更信息。例如可以把加工工序的内容填入标签，以获取产品的状态。或者利用标签实现计数器功能，统计加工产品的数量。如图 10-4 所示，在 Processor 的重置触发中创建标签"count"，并将其初始化为 0，在加工结束触发中对 current.labels["count"]标签进行自加，可以以此实现加工计数功能。

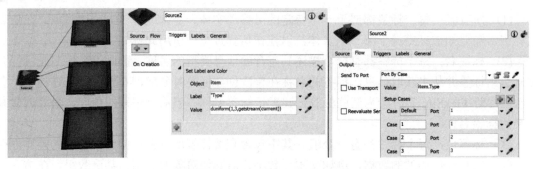

图 10-3　可移动实体根据标签 Type 选择不同的下游暂存区

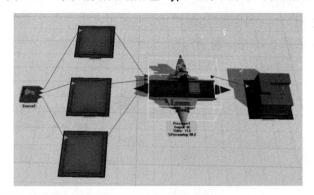

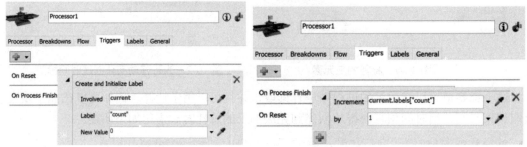

图 10-4　在 Processor 上实现计数器功能

3)　将令牌连接到固定实体对象或者其他令牌

标签可以将工艺流程 PF 中的令牌 Token 连接到 3D 模型中，通过标签可以将 PF 逻辑和 3D 模型进行连接。随着令牌的移动，活动的逻辑可以应用于 3D 模型中的对象。

举例说明，创建一个暂存区的存储过程，在暂存区中更改可移动实体对象的颜色。模型如图 10-5 所示。

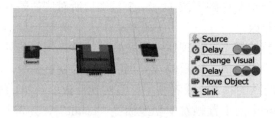

图 10-5　令牌和 3D 模型通过标签连接

模型所要实现的目标是 Source 产生 Box，进入暂存区后等待 10 秒钟后随机改变 Box 颜色，然后等待 10 秒钟后发送到 Sink。如果在 3D 模型的触发器中写代码实现，将要花费较多的代价。如果采用 PF 来实现，就实现了业务逻辑和 3D 模型的分离，能够更清晰地描述业务逻辑。

PF 逻辑如图 10-6 所示。

（1）由 Queue1 的 OnEntry 事件触发，创建 Token，对进入的 item 分配标签名为"InputItem"，此时在 PF 中每一个进入的 Token 都被分配了标签 token.InputItem。

（2）在 Delay 中设置延时 10 秒钟。

（3）在 Change Visual 中，设置对象 token.InputItem 的颜色为 Color.random()。

（4）在 Delay 中设置延时 10 秒钟。

（5）移动对象 token.InputItem 至 Sink1。

（6）Token 进入吸收器。

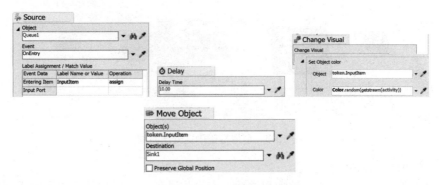

图 10-6　PF 逻辑设置

4）筛选与限制

标签可以用来过滤或者限制可移动实体或者令牌。在物流过程中需要对包裹的重量或者体积进行统计或者限制。超过一定体积的包裹将进入特殊通道进行处理。

举例如下：Source 中产生重量在 1～10 不等的包裹(全部取整)，赋予标签 Weight，重量在 1～5 的进入 Queue2，重量在 6～10 的进入 Queue3，实现对包裹重量的区分。

在 Source 创建触发中生成标签"Weight"，取值为 duniform(1, 10, getstream(current))，在 Queue2 和 Queue3 中均采取拉入策略，Queue2 拉入 Weight 标签值在 1～5 之间的可移动实体，Queue3 拉入 Weight 标签值在 6～10 之间的可移动实体，从而实现了利用标签的筛选和分类，如图 10-7 所示。

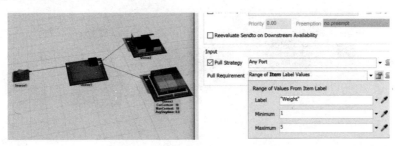

图 10-7　利用标签实现筛选与分类

5) 条件决策

标签可以研究仿真过程条件变化对系统的影响。例如在物流包装过程中，包装时间和订单上的产品数量有直接关系。假设操作员包装一件产品需要 2 秒钟，那么每个订单包装处理的时间就可以简化为数量乘以单位时间。由此可以得到在不同订单到达情况下，每个包装工作台的工作效率。

举例如下：Source 以指数分布到达周转箱 Tote，Tote 上携带标签 Quantity，在创建触发时写入标签值 duniform(1,5)，随机产生 1~5 的数量信息。在处理器的 Process Time 中，输入以下代码：

```
return item.Quantity*2 ;   //返回处理时间值为 item.Quantity 标签值乘以 2
```

以这种方式就可以实现采用标签值来确定处理时间，如图 10-8 所示。

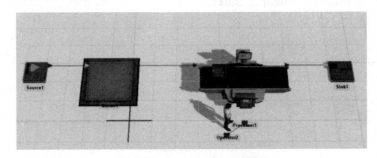

图 10-8　利用标签确定处理时间

6) 从模型获取数据

标签对于跟踪模型中的统计数据很重要。在操作过程中可以根据标签值的不同执行不同的操作。接上面的例子，如果在加工完成后，经过 QC 检验，有 95%的包装合格，而 5%的包装不合格，对于两类不同的产品需要放置在不同区域等待后续处理，对于不合格品还需要返回进行重新包装，直至合格。

举例如下：建立如图 10-9 所示的模型。在 Processor 的 Process Finish 触发中使用按比例设置标签，创建标签"QC"，标签值为"Success"或"Fail"，如图 10-10 所示。Processor 输出使用 Push to ItemList，在 Item List 中选择标签"QC"。在下游的两个 Queue 中，均使用拉入策略，处理两种不同标签对象。此后将标签为 Fail 的对象搬运回处理器上游的 Queue 中，如图 10-11、图 10-12 所示。

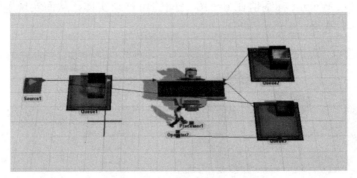

图 10-9　利用标签数据决策

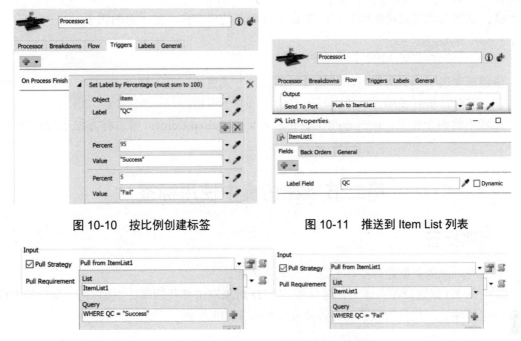

图 10-10　按比例创建标签　　　　图 10-11　推送到 Item List 列表

图 10-12　分别拉入不同标签的产品

三、标签的运作方式

在使用标签时，涉及对标签的引用。以下是一些标签引用的例子。

```
item.ProductType
item.Destination
token.Weight
token.puller
current.MyOperator
```

如前文所述，标签由三个部分组成，即所有者，标签名和标签值。因此，标签的第一部分(点前的部分)是标签的所有者，标签的第二部分是标签的名称，即 owner.labelName。

更进一步而言，可以将标签理解为一种变量，它代表了一个值，在模型运行中可以随时读取标签值用于分析和计算。就相当于产品上一旦贴上了条码或者 RFID 标签后，在后续的任意阶段都能够进行读取或进行相应的操作。

在标签的使用时，需要考虑如下几个问题。

(1) 标签代表什么？标签需要有实际意义，在后续的使用中才能起到正确区分和操作的作用。

(2) 标签如何添加？标签可以在初始化、进入、加工结束、离开等多个不同环节添加，因此，需要考虑在何时添加产品标签。举例来说，在矿泉水的生产过程中，需要在灌装结束并打上瓶盖后才能使用激光打码机将生产时间、生产线信息打在瓶身上，而不是在瓶子生产环节添加上述信息。

(3) 添加标签时的初始值应该如何设置？有些标签在仿真运行过程中一直处于变化过程中，例如计数器，在重置触发时创建标签，并赋值为 0，此后才能够在加工完成后新增计数。

(4) 标签命名方式清晰吗？在标签命名时避免使用空格，如下面的例子：

```
token.MyLabel =3;
token.label["My Label"].value =3;
```

虽然都实现了标签的使用，但是显然第二种方式更加烦琐一些。

在命名时，最好使用首字母大写的方式，以易于识别。

比较下面两个标签：item.myitemcolor 与 item.MyItemColor，第二种方法更加清晰便于理解。

第二节　在仿真中使用标签

一、创建标签

有三类对象需要创建标签，创建方法如下所述。

(1) 在 3D 固定资源实体上创建标签。在 3D 对象双击打开的属性页面，有一个标签页面，可以创建新标签，并且为标签设定初始值。如图 10-13 所示。

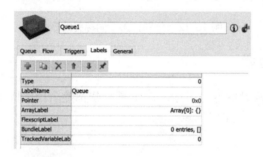

图 10-13　为 3D 固定资源创建标签

(2) 在可移动实体上创建标签。可移动实体是模型运行过程中创建的，因此需要在流经 3D 固定实体时，在触发器中创建标签，可以根据实际的情况创建不同的标签附加在可移动实体上。每个可移动实体的标签页可以显示当前的标签状态，如图 10-14 所示。

图 10-14　为可移动实体创建标签

(3) 在 PF 中创建标签。PF 流程中可以使用 Assign Label 创建标签。使用 Inter-Arrival 方式创建 Token，然后使用 Assign Labels 为产生的 token 创建标签。同样包含三部分内容，即标签所有者(token)，标签名(Weight 和 Type)，标签值(duniform(1，10)和 duniform(1，2))。之后在 Decide 中根据 token.Type 的不同分别发往下游两个不同的 Processor，如图 10-15 所示。

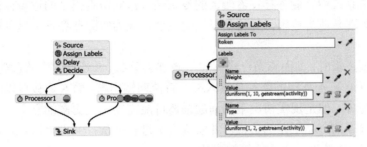

图 10-15　在 PF 中创建标签

二、设置标签值

1)　静态标签

如果创建的标签为数字或者字符，则可将确定的数值或者字符串分配给标签。

2)　引用特定对象标签

在标签值右侧有采样器，可以从树结构等地方直接获取需要的数值作为标签值。

3)　随机统计分布标签

仿真中使用符合实际情况的统计分布产生标签，能够实现在随机情况下验证模型，使模型体现动态化的特征。

4)　百分比标签

可以以特定的比例生成标签类型，需要注意生成的标签比例之和需要等于 100。

5)　Flexscript 标签

在复杂条件下，需要使用自定义的 FlexScript 代码作为标签值。

第三节　工艺流程概述

在物流系统的分析与设计中，在概念设计阶段需要能清晰描述出业务流程与逻辑，传统上可以通过绘制流程图的方式加以描述，但是存在的问题是只能描述静态的流程，无法有效对各个环节与过程进行动态的跟踪，对于各环节的容量、处理能力等信息无法进行有效描述。

这导致了虽然流程是清晰的，但是在实际执行过程中，需要将其转化为可实现、可执行的业务逻辑，还需要较多的沟通、协作与反复。

而在仿真系统中，将流程进行了实体化，系统以处理流经系统的可移动对象作为目标。研究系统逻辑流程的合理性和资源可用性，对于系统资源的分配与实际系统的设计具有重要的价值。

本节在前期介绍 3D 建模仿真的基础上，进一步引入了工艺流程 ProcessFlow 模块，阐述如何将业务流程与 3D 建模进行有效结合，实现仿真过程对现实系统建模的应用指导作用。

一、仿真模型逻辑

在仿真过程中，逻辑是指在运行仿真模型时，3D 对象和其他仿真元素的整体行为和交互，模型逻辑控制着仿真模型从开始运行到仿真结束所发生的一系列事件。

在现实物流系统中,业务存在着较大的复杂性,建立仿真模型的逻辑往往会遇到多种挑战。因此,梳理清楚业务逻辑,并将其显性化表达,成为实际业务管控以及模型运行的重要前置条件。

在创建模型逻辑时,前面章节已经阐述了通过 A 连接、S 连接等形式创建顺序业务流程,可移动实体可以沿着 A 连接的路径从输入端一直流向输出端,而 S 连接可以驱动任务执行器来执行相应的任务。但是现实情况下的问题描述可能需要实现更多的复杂功能,例如客户订单到达后,需要查询产品所在的货位,并安排人员进行拣货;又如电话呼入等没有可移动实体的需求,通过 3D 仿真的方式就较难表达。

在现实工作中,对于产品的生产有着明确的生产工艺流程,对于工作岗位也制定有相应的岗位职责与业务流程。这些流程在描述上,可以采取自然语言描述的方法,也可以使用流程图工具进行描绘,目的是实现流程的清晰化,确保业务的正常执行。

二、工艺流程工具

Process Flow 工具(以下简称 PF)是 FlexSim 7.5 版本后更新的工艺流程设计模块,集成了 2D 设计的相关经验,将整个仿真流程前后逻辑都清晰地在画布上展示出来,如图 10-16 所示。PF 与 3D 视图建模相比,最大优点是便于调试,3D 视图中通过各个实体间触发器相互配合完成物料流转,代码分布在各个实体的触发器中,调试运行中出现的问题需要花时间去排查问题来源,而在 PF 视图中,各个 token 的进程都可以实时追踪,在特定步骤出现卡顿能够通过其所携带的标签快速定位到问题点,大大加快了调试进度。

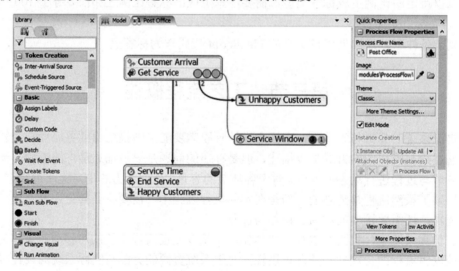

图 10-16　PF 工具概览

三、PF 工具控制模型逻辑的优势

1) 用户友好性

通过 PF 模块内置的工具,能够将代码编写工作大大简化,只要能够清晰地描述出业务流程,大量的代码编写工作就会被内置的模块完成,减轻了编写代码的负担,用户只需要输入模型中需要用到的参数变量即可。对于非程序员来说，这一低代码量仿真实现过程能够降低仿真人员在重复性劳动上的时间投入。

2) 更强的灵活性

PF 工具可以灵活地适应许多不同种类的仿真项目。由于实现同样的目标可以有各种不同的方法，在 PF 工具中，仿真人员可以根据自己的偏好建立仿真逻辑，解决特定的问题。

当然，仿真人员也可以尝试使用不同的逻辑来解决同样的问题，在不断尝试过程中找到效率更高、流程更清晰的方案。

3) 易于交流和阐述

与使用 3D 模型展示方案不同的是，利用 PF 工具能够向决策者展示模型的内在逻辑。良好的业务逻辑阐释与 3D 建模的有效结合，能够让决策者更有信心作出决策判断。

4) 易于调试

PF 工具中的逻辑关系以模块化方式存在，因此，可以快速地搭建业务的代码块，尝试在不同的需求下利用仿真实现对实际场景的仿真描述。

四、使用 PF 的最佳实践

1) 使用流程图工具

构建清晰的逻辑流程框架能够为后续建模进行全景化描述，使项目参与人员能够清晰地知晓所需要完成的任务，以及各项任务在项目总体中的位置。

2) 分阶段构建逻辑

一个仿真项目可能涉及大量复杂问题，若将其分解成若干可管理的小功能模块，逐一对其进行测试，确保其能够按照预期的目标实现功能，并逐渐扩大模型的逻辑覆盖，可以促进项目目标达成。

在项目的早期使用 PF 工具能够更快地将仿真人员的想法构建到模型中，降低后期的成本和时间的耗费。

常规的 3D 视图中，左侧的实体栏为不同的实体列表，方便拖拽使用，在 PF 视图中，在左侧的实体栏变成了适用于 PF 模块的流程节点，同样可以通过拖拽快速建模。在试用版本中，系统设置了 35 个 PF 模块数量上限，可以构建具有一定复杂度的PF流程。

第四节　PF 的功能模块

一、PF 的主要元素

PF 的主要元素如图 10-17 所示，主要包括如下 9 个部分。

1) PF 视图

在菜单栏中可以单击 Process Flow 创建 PF 视图，目前已经提供有 5 大类 PF 视图，可以根据不同的需求选用。

2) PF 标签页

在一个仿真模型中可以创建多个不同的 PF，并通过标签页进行控制。

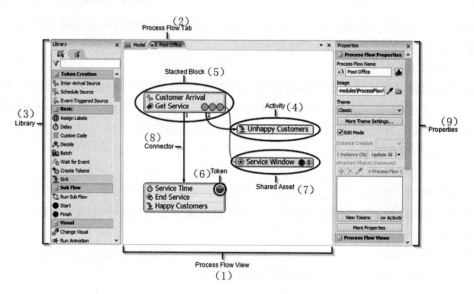

图 10-17　PF 的主要元素

3) PF 库

与 3D 模型的库文件类似，在 PF 视图下，提供了大量的可以拖拽的活动(Activity)，可以将其拖拽到 PF 视图中构建业务逻辑。

4) 活动(Activity)

每一个被拖拽到 PF 视图的活动均实现了一个特定的功能，它是流程的基本组成部分。

5) 堆叠块(Stack Block)

堆叠块可以将一组活动连接为一个完整的工作，并且将其像一个活动一样进行处理。

6) 令牌(Token)

关于令牌的描述，既是一个可以实体化的对象，例如 3D 模型中的可移动实体，也可以是抽象的概念，其作用是获得在某项活动上的权力。

7) 共享资产(Shared Assets)

从其名称上可以看出，这是用来处理令牌的资源，在理解上可以将其和 3D 模型中的固定实体相对应，不过其涵盖范围更为广泛。

8) 连接器

将不同的活动、代码块、共享资产相连接，指明其逻辑路径。

9) 属性窗口

每一个活动、共享资源或令牌都有其属性，在右侧属性窗口可以根据对象不同自动呈现相关的属性。

二、令牌的创建

令牌是仿真运行期间在 PF 中流经各个活动与实体的对象。令牌的功能与 3D 模型中的可移动实体非常相似。与可移动实体相同的是，令牌可以从一个活动移动到下一个活动，例如可移动实体从 Source 到达 Queue，可以将可移动实体理解为一个令牌(Token)。令牌的含义是"在满足条件时使用一定资源的权力"。

与可移动实体不同的是，令牌还可以指代非物理对象。另外，也可对令牌进行更为抽象的理解。即令牌可以指代下达的客户订单，呼叫中心的呼叫等。令牌还可以被链接到可移动实体上，以及作为一个逻辑流程运行。

从本质上看，令牌是仿真模型流程运行中的一组数据。每个令牌包含如下所述各种信息。

(1) ID：创建令牌时，会自动为其分配一个唯一的 ID 号，这个 ID 在模型内是唯一的，可以用来进行识别与区分。

(2) 名称：为令牌命名更便于识别，在创建令牌时，可以给其命名，在后续的流程中也可以通过 setname() 为其命名。

(3) 标签：标签对于构建复杂动态流程至关重要。标签可将自定义信息存储在令牌上，该令牌可用于影响令牌在流程中的移动情况。当令牌在流程中的各个活动间移动时，各种活动可能会将数据分配给令牌的标签。

Token 是 PF 流程中的重要载体，优点在于可以选择灵活的触发时间点，其具体创建的方式如图 10-18 所示，包括按时间间隔创建、按计划表创建、按日期时间创建、按事件触发创建。其中常用的为按事件触发创建及按计划表创建。按计划表创建多用于明确触发时间点的事件，例如 0 时刻的重置触发，预热时间的定时触发等；按事件触发创建是其中最灵活的方式，它可以通过选取全流程中不同的事件触发点来决定 token 创建的时间点。

图 10-18　令牌创建方式

1) 事件触发创建

事件触发创建器 通过选取 3D 视图中各个实体的触发器来决定 token 的创建时间点，从左侧 PF 实体栏中拖入一个事件触发创建器(Event-Triggered Source)，单击右侧的红色惊叹号，鼠标会变成吸管状，选取 3D 视图中所需要的实体，单击后可以选取实体的触发器选项，选择合适的触发方式，如图 10-19 所示。

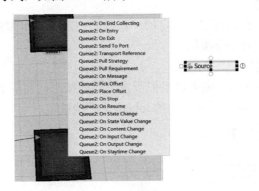

图 10-19　触发器选项列表

不同实体的触发器选项列表是不同的，而选取不同的触发器后，产生的 Label 指令表也是不同的，例如此处选择暂存区的进入触发事件，选择后单击创建器的图标可以看到详细的下拉信息，如图 10-20 所示，包含选取的实体、实体对应的事件触发、继承相关事件的标签、设置 token 信息等。可以通过界面中的吸管按钮重新选择实体与实体对应的事件。

标签设置区域可以进行事件标签的添加与匹配，该事件中的默认参数可以通过标签传递到 token 中，传递的方式可以是在 token 中添加一个新的标签，也可以是通过已有的标签匹配对应的参数,如图 10-21 所示。此处进入触发默认的参数为进入的 item,进入的端口号,如果选取的是其他事件,对应的参数也会发生变化。底部的 token 信息设置可以将事件对应的实体写入或者修改 Token 的名字。

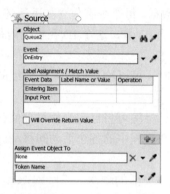

图 10-20 进入触发事件属性　　　图 10-21 暂存区离开触发事件下拉信息表

通过事件触发创建的 token 数量一般为事件触发的次数,即每触发一次产生一个 token。

2) 计划表创建

按计划表创建 token,一般应在模型运行的固定时间点创建一定数量的 token,常见的应用是在模型重置触发的 0 时刻创建一定数量的 token,用于重置模型相关参数,如图 10-22 所示。从左侧 PF 实体框中拖入一个计划表创建器(Schedule Source),单击创建器的图标可以看到详细的下拉信息,按计划表创建和发生器的按计划到达类似,包含创建开始时间、计划到达次数、计划表详细列表、为产生的 token 添加标签等。

计划表包括创建的时间,创建 token 的名字,固定时刻创建的数量。如果该项内容是变化的,可以通过下方的编辑框编写代码。计划表也可通过导入外部数据(Excel)来完成输入。

3) 按日期时间创建

按日期时间创建器是在一天之内固定的一段时间内产生一定数量的 token,与现实事件对应,创建细节和按计划表创建类似。

4) 按时间间隔创建

如图 10-23 所示,按时间间隔创建类似于发生器的按时间间隔到达,创建器按照一定的时间间隔连续产生 token,也可以对产生的 token 设置标签。

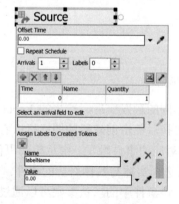

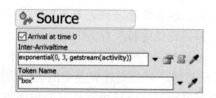

图 10-22 按计划表创建 token　　　图 10-23 按时间间隔创建 token

三、PF 的基本活动

在 PF 的基本活动中主要包含如图 10-24 所示的 9 个，主要用途概述如下。

1) 分配标签

可以实现在各种对象上创建或修改标签。标签可用于存储有关各种对象的重要数据。标签可以分配给拥有标签的任何对象，这些对象包括：

- 传入(输入)令牌
- 父节点令牌
- 可移动实体
- 3D 实体对象，例如操作员或处理器
- 工艺流程

图 10-24　PF 基本活动内容

2) 延迟

延迟活动可将令牌保留一定的时间长度。可以使用固定时间、标签值、统计分布等动态创建延迟时间。延迟是一个抽象概念，可以表明处理服务所消耗的时间，也可以理解为 3D 模型中的处理器功能。

3) 自定义代码

自定义代码活动可在 PF 模块中创建定制行为。可以选择预定义的选择列表选项，也可以在 FlexScript 中编写自己的代码。当令牌进入"自定义代码"活动时，它将执行用户定义的代码，然后立即释放到下一个活动，而无须花费任何模型时间。

4) 条件分支决策

条件分支活动将根据定义的条件将令牌发送到两个或多个可能的活动之一。例如：按循环顺序将令牌发送到下一个活动；将令牌分配给队列最长或最短的活动；将一定百分比的令牌转移到一个活动，而另一百分比的令牌转移到另一个活动；根据令牌标签上的值将令牌发送到各种活动或结果；将令牌随机分配给接下来的活动。

条件分支活动还可以创建循环功能。在评估令牌上的条件或标签之后，可以将令牌发送回循环的顶部，或者使令牌退出循环。

5) 批处理

在 PF 模块中，批处理活动收集传入的令牌并将其分类为令牌组(批次)。它的功能与 3D 模型中的合成器与分解器类似，可以实现令牌的分割与合并。这一部分的功能很强大，后面在案例模型中具体阐述。

6) 等待事件

等待事件活动将保留令牌，直到触发特定事件为止。该活动将监听模型仿真运行中发生的事件。当特定事件发生时，它将释放令牌。

7) 创建令牌

当"创建令牌"活动接收到传入令牌时，它将创建一个或多个新令牌并将其自动发送到其他活动或子流程。

8) 里程碑

里程碑活动用于表示某些对象已达到里程碑。可以将此活动放在"流程"中的任何重要位置，并指定已达到里程碑的对象。

9) 流出

流出活动会清除令牌，并删除存储在这些令牌上的所有数据。流出活动标志着一组活动的结束。在流出之后不应连接任何其他活动。

四、任务和任务序列

任务指由任务执行器执行的一个指令或者一次行动。例如搬起一个可移动实体。而任务序列指一系列任务以一定的顺序执行。例如，一个操作员在搬运活动过程中，需要经过行走、装载、行走、卸载等动作序列。

当需要给操作员指派任务时，其内置了任务序列，但是可能不一定是最理想的任务序列，因此需要通过 PF 自行定义任务序列。在图 10-25 中，使用了 Operator 搬运箱子从 Queue1 到 Queue2，按照常识逻辑，应该在搬运完成后回到 Queue1 等待下一次搬运任务，而在预定义的情况下，Operator 会站在 Queue2 处一直等待 Queue1 中有了新的 Box，才会触发 Operator 返回 Queue1 开始新的搬运任务。

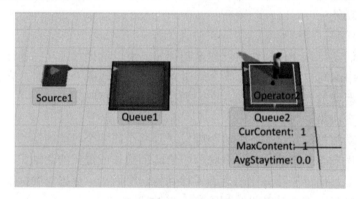

图 10-25　默认情况下操作员执行的任务逻辑

因此，此处的搬运任务序列应该是"行走到 Queue1—搬起 Queue1 中的 Box—行走到 Queue2—在 Queue2 卸下 Box—行走到 Queue1"。

在每一个任务序列中，都会有两个重要的参数：任务的优先级(Priority)和先占(Preempt)，如果翻译成中文，都有优先权的意思，经常会造成困扰。

优先级较容易理解，拥有更高的优先级将会被优先执行；而先占是一种特权，可以暂停或放弃现有活动，去执行先占任务。

任务序列案例如下所述。

创建如图 10-26 所示的模型，将 Operator 连接到 Queue 和 Processor，Queue 和 Processor 都需要使用 Operator 作为搬运工具，同时 Operator 还需要在处理器上进行处理活动。

运行后可以发现，由于缺少任务的优先级，Operator 会在不同的设备间来回行走，大量时间消耗在无序的任务序列上了，见图 10-27。而默认系统执行任务序列的顺序由每一个活动在系统时间轴上的触发决定，因此在呼叫 Operator 时就是按照先到先服务原则进行。因此造成了系统的等待与混乱。

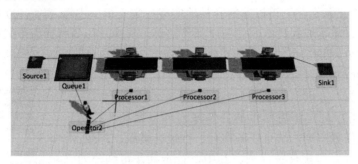

图 10-26　任务序列模型

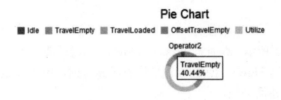

图 10-27　无任务序列规划时操作员时间消耗

在图 10-28 中可以看出，虽然没有使用 PF，但是系统内依然有任务序列在支持。例如 ts43 序列由 5 项任务构成。而正在排队等待的 ts44 任务序列有 4 项任务。

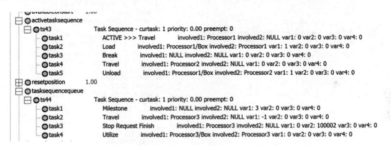

图 10-28　树结构中的默认任务序列

如果在 3D 建模环节我们希望实现对一个产品从搬运到加工完毕再搬运下一个产品的话，是较难完成的。一个稳妥的解决方案是使用多处理器，将 3 个处理器的任务集成在 MultiProcessor 上完成，如图 10-29 所示。

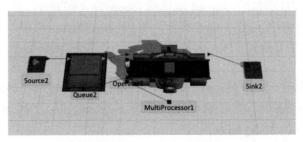

图 10-29　使用 MultiProcessor 处理多工序任务

接下来，我们如果使用 PF 工具中的任务序列来完成这一项工作，将会变得非常容易。使用 PF 工具的真正意义在于可以非常容易地实现自定义模型逻辑。传统 3D 视图中的任务序列构建较为复杂，需要编制较多的任务序列代码块，其涉及任务序列的协同或者传递问题时尤其让人头疼，PF 对这个模块进行了详细的切分组合，用户可以通过不同的动作组合来定制复杂的任务序列，并通过调试及时定位问题。

1) 动作分类

PF 中的任务序列定制将原本的任务序列拆分为具体的动作，分别为创建任务序列、结束任务序列、行走、装载、卸载、等待、自定义动作、分配任务序列。其中，行走动作可细分为行走至目标实体、行走至具体坐标、AGV 行走动作，如图 10-30 所示。

图 10-30　任务序列中的活动

2) 使用 PF 完成上一个案例任务

建立模型如图 10-31 所示，并且在 Process Flow 中创建一般任务序列(General Process Flow)。创建一个完整的任务序列，所需要做的是为 Processor 所需要完成的任务逐一地构建活动块。

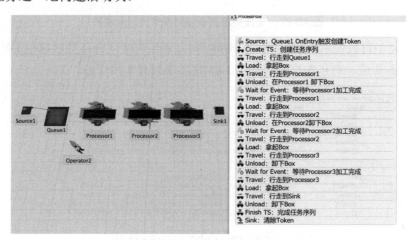

图 10-31　使用 PF 构建任务序列

PF 中的主要设置解释如下。

(1) 添加一个 Event-Triggered Source。将 [Source图标] 鼠标移至红色感叹号上，就会变成吸墨器图标，单击后在 3D 模型中的 Queue1 上选择 Queue1：OnEntry，含义为当 Queue1 有了可移动实体进入时，就会触发创建 Token 事件，在 Label Assignment 中，为进入的 Item 赋予一个标签 item，在后面需要指代该 token 的时候，就可以使用 token.item 标签了，事件触发设置如图 10-32 所示。

(2) 创建任务序列。指定任务执行器为 Operator2，同样采取吸墨器在 3D 模型上选择 Operator。对于该任务序列分配标签 token.taskSequence，任务执行器的标签为 token.taskExecuter，如图 10-33 所示。

(3) 创建行走活动。选择任务序列 token.taskSequence，走到目的地为 Queue1，如图 10-34 所示。

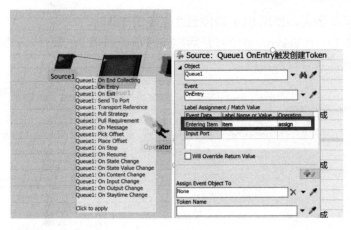

图 10-32 进入触发创建 Token

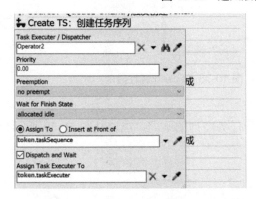

图 10-33 创建任务序列活动

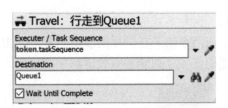

图 10-34 行走任务

(4) 创建装载活动。执行者为 token.taskSequence，装载对象为 token.item，装载位置为 Item 当前的容器中，如图 10-35 所示。

(5) 创建行走活动。和第 3 步类似，把目的地填写为 Processor1。

(6) 创建卸载活动。创建卸载任务如图 10-36 所示。

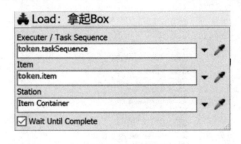

图 10-35 装载任务

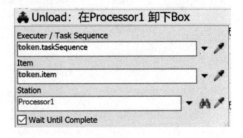

图 10-36 卸载任务

(7) 创建等待事件(Wait for Event)。使用吸墨器 Processor1 选择 OnProcessFinish，目的是等待设备加工的完成触发事件，然后再进行后续的活动，如图 10-37 所示。

后续的活动与前面的操作类似，不一一赘述。注意完成最后的卸载到 Sink 任务以后，一定需要加上 Finish TS 活动，才会结束此任务序列，接受下一个 Token。而如果最后不把 Token 进入到 Sink 的话，Token 是不会自动消除的，而是堆积在最后一个环节，从系统运行的角度，需要创建一个完整的闭环，使用 Sink 消除已经完成的 Token。

对于 PF 中的每一个 Token，双击打开后都能够查看到相应的属性，如图 10-38 所示，对于后续的分析及调试具有较大作用。

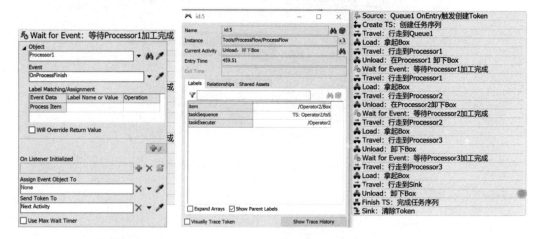

图 10-37　创建等待事件　　　　　　　　图 10-38　Token 属性显示

3）两种方式的比较

上面两个例子在同样的参数设置下，由于任务序列的不同，能够从图 10-39 所示看出采取合适的任务序列能够有效地增加产出率。

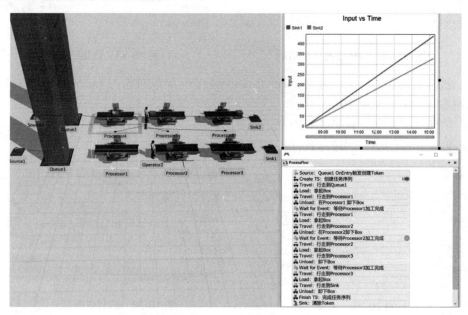

图 10-39　不同任务序列的产出比较

五、共享资源

共享资源是同一种资源在流程中多次被引用时需要添加的流程，如图 10-40 所示，例如人员需要承担多处的搬运任务、多个工位，或者在仿真过程中不断变换状态的变量。共享资源包括列表(List)、资源(Resource)、变量(Variable)、区域(Zone)，对应的流程有引用资源和释放资源。

上文案例中的操作员可视为一种共享资源，可以添加共享资源流程进行优化，这样就不必每个步骤都引用操作员。添加一种资源，并引用为操作员，也可通过吸墨器工具在 3D 视图中进行操作，如图 10-41 所示。

图 10-40　共享资源列表

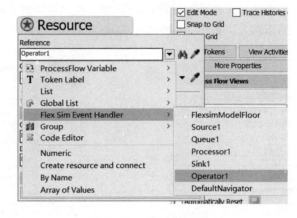

图 10-41　引用操作员

在装载流程前添加一个获取资源流程，通过吸管工具就可以连接到资源流程中，如图 10-42 所示。

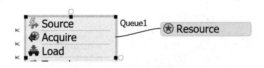

图 10-42　引用资源

点开获取资源流程，可以看到详细属性，包括引用资源的目标，需求的数量，给该资源添加的标签名，筛选资源的条件等。此处默认的是 resource 标签，也可以进行修改，例如改为 people 标签，如图 10-43 所示。

在下方任务序列中可以使用该资源，将任务序列的执行者修改为该资源对应的操作员(token.people)，装载、行驶、卸载流程都要修改，如图 10-44 所示。

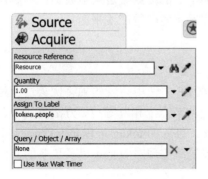

图 10-43　设置资源标签

图 10-44　修改操作员标签

在操作员执行完任务后,需要释放操作员以方便下次被引用,在卸载流程后添加释放资源操作,并将释放内容修改为操作员对应的标签,如图10-45所示。

重置运行,发现运行情况正常,简化了操作员引用流程。

如何体现资源的共享属性?此处操作员如果需要在搬运完成后协助处理器完成加工任务,在处理器加工结束后才能被释放,这就需要在释放资源流程的前一步判断处理器是否完成了加工操作,在释放资源流程前添加一个等待事件完成触发器,将监听事件修改为处理器的加工结束触发,如图10-46所示。

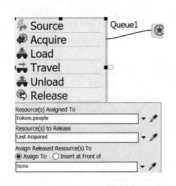

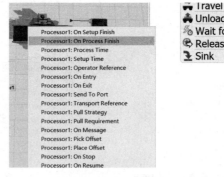

图 10-45 释放资源　　　　　　　图 10-46 Wait for Event 监听事件

重置运行后会发现操作员搬运完货物后会在处理器处等待处理完成,再接受下一个任务。完整模型的运行状态界面如图10-47所示。

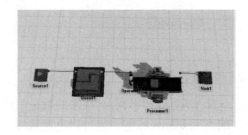

图 10-47 模型运行画面

问题与探索。
(1) 如果操作员在处理器加工完成后还要将加工好的货物搬运至吸收器如何解决?
(2) 上游暂存区仍有货物堆积,需要几台处理器才能获得产线平衡?

六、列表 List

List 与其他共享资源有很多功能重叠。但是,在 PF 中使用列表的独特优势之一是用于与 token 同步。与 Token 同步意味着 token 可以在特定的节点上相互等待,方法是让一个活动将 token 推入列表,而另一个活动从列表中提取 token。推入的 token 可以是 token、临时实体、任务执行器、数字、字符串等,作为一个动态的资源库实现对 token 以及更多的其他资源的按需提取和分配。

和共享资源类似,list 包括列表、推入列表、拉出列表操作。列表可以是全局列表,也可以是 PF 列表,使用全局列表需要在下拉菜单中进行连接。下拉菜单包括 list 类型、进入值属性列表、拉出值需求列表、列表预置属性，如图 10-48 所示。

1) 拉出/推入 list

对 list 进行操作注意包括拉出和推入动作，推入动作包括目标 list、推入的值、赋值标签、推入的特征 id 等，推入列表属性如图 10-49 所示。

图 10-48　List 属性

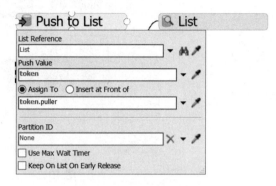

图 10-49　推入列表属性

拉出动作属性包括拉出的来源 list、请求的次数、需求的数量、拉出值赋值标签、拉出值的筛选条件、拉出值的特征 id、拉出动作的执行者等，拉出列表属性如图 10-50 所示。

2) 案例分析

加工线上有一个机械手工位，当上游货物到达该工位时，机械手需要将货物搬运至六个工位中的空闲空位进行加工，加工时间为 50s，加工完成后，由同一个机械手将货物搬运至出货口进行下料。整体布局如图 10-51 所示。

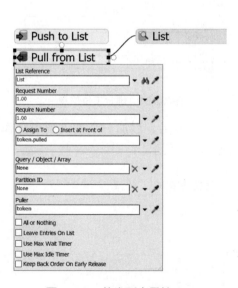

图 10-50　拉出列表属性

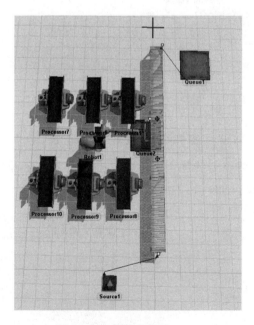

图 10-51　整体布局图

(1) 重置加工位。首先按照图 10-51 布局拖入对应的 3D 实体并连接，添加一个 PF 流程，并将如图 10-52 所示中的 6 个加工工位编辑为一个组，红选工位右击添加至组 process。

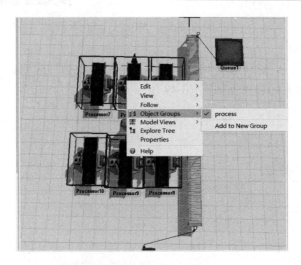

图 10-52　添加至组

在 PF 画布中添加一个按计划表达到，设置 0 时刻到达 6 个 token 代表六个加工工位，如图 10-53 所示。

如图 10-54 所示，添加一个设置标签流程，将产生的 token 与加工工位绑定。这样 6 个 token 便带有加工工位信息了。

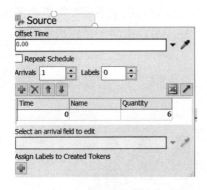

图 10-53　产生 6 个 token

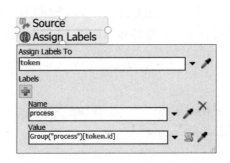

图 10-54　绑定工位信息

将绑定的加工工位信息推入一个 list 中方便下次调用。添加一个推入列表操作，将 token.process 作为值推入列表 process_idle 中，如图 10-55 所示。

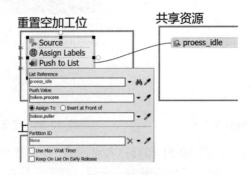

图 10-55　工位信息加入 list

添加结束流程，重置运行就会发现 list 中存在 6 个值，单击查看可以发现正是被推入的 6 个加工工位信息，如图 10-56 所示。

图 10-56　List 信息列表

(2) 上料搬运。设置上料信号如图 10-57 所示，在传送带的上游决策点处设置到达触发动作为停止货物。

在 PF 中添加一个事件触发器，事件监听为决策点的到达触发，并设置 item 标签，如图 10-58 所示。

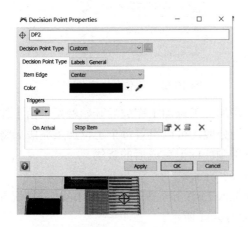

图 10-57　上料信号

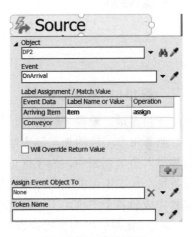

图 10-58　事件监听

定位到需要运输的 item，下面给 item 分配加工位，从之前设置的空闲加工位列表中拉出一个工位分配给 item，并赋值标签为 token.process，添加一个 list 拉出流程，如图 10-59 所示。

分配完加工位后进入搬运流程，添加引用机械手资源，绑定 3D 界面中的机械手实体，获取资源后赋值标签为 token.rob，如图 10-60 所示。

分别添加装载、行驶、卸载流程，设置任务序列执行者为机械手，货物为 token.item，卸载点为加工位 token.process，如图 10-61 所示。

搬运任务完成后，将机械手资源释放。并将拉出的工位信息推入新的列表 process_busy 中，代表该工位有货物进行加工，如图 10-62 所示。

提示：推入 list 时应该注意推入的值所代表的含义，可以在推入后单击 list 查看是否符合理想的要求。

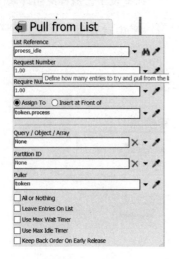

图 10-59　从列表拉出

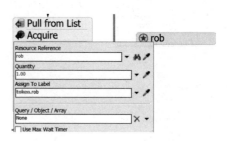

图 10-60　获取机械手

图 10-61　搬运任务序列

图 10-62　工位状态变化

(3) 下料搬运。设置下料信号，下料任务在加工工位加工完成后开始触发。由于加工工位较多，监听每个工位的加工结束触发流程较为分散，可以设置每个工位加工完成后将加工好的货物推入全局列表中，为了区分明显可以用颜色标记完成后的货物。

设置每个加工工位的加工结束触发如图 10-63 所示。

设置完成后各个工位加工结束都会将货物推入 List1 中，只需要监听 List1 的情况即可，在 PF 中添加 list 并引用为全局列表 List1，如图 10-64 所示。

图 10-63　处理器加工结束触发

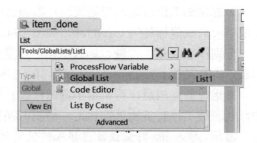

图 10-64　引用全局列表 List1

列表绑定后，添加一个事件监听器，监听 list 中的推入值事件，如图 10-65 所示。

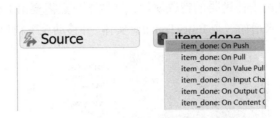

图 10-65　监听列表值变化

定位到需要搬运的 item，还需获取该 item 所属的加工工位，添加一个标签设置流程，如图 10-66 所示。添加标签 process，值为 token.item.up，指向 item 的父节点，如图 10-67 所示。

图 10-66　设置 item 标签

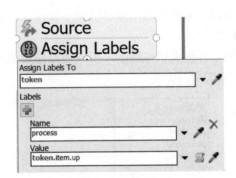

图 10-67　设置加工工位标签

标签设置完成后，需要拉出之前存储的工位信息，将指定的工位从列表 process_busy 中拉出，如图 10-68 所示。

引用机械手执行下料搬运操作，添加引用资源流程，并将机械手赋值为标签 token.rob，如图 10-69 所示。

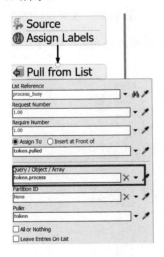

图 10-68　拉出工位信息

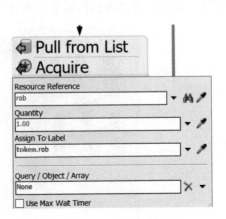

图 10-69　引用机械手资源

添加装载、行驶、卸载任务序列，任务执行者为 token.rob，货物为 token.item，目的地为传送带下料点。此处由于传送带的特殊属性，选取下料点需要由 EntryTransfer 进入，可以通过暂存区进入传送带来增加一个 EntryTransfer 实体，并移动至下料位置处，如图 10-70 所示。

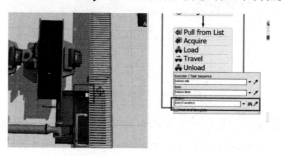

图 10-70　下料任务序列

下料任务完成后，释放机械手资源，并将工位推回列表 process_idle 中，方便引用，如图 10-71 所示。

为了方便调试与展示，可以通过添加流程图框来区分各部分功能，使其更加清晰明了，如图 10-72 所示。

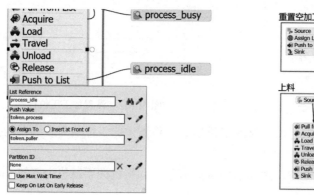

图 10-71　推回工位信息　　　　　　　　图 10-72　整体流程结构

重置运行模型，可以看到机械手实现有序地完成上下料搬运任务，如图 10-73 所示。

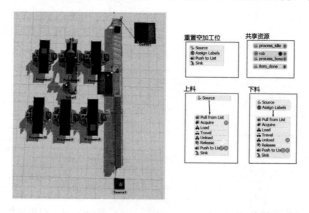

图 10-73　模型运行画面

3) 问题与改进

(1) 运行模型后，如果发现上游传送带由于来料太快形成了拥堵，就必须调整确认合适的来料节拍。

(2) 该工位上下料有时会频繁地前后转向搬运货物，造成一定的效率损失，应如何设置机械手优先执行偏移距离最短任务？

七、协同流程

在任务序列中，常常需要多个移动资源相互协同完成任务，传统 3D 界面中需要编制协同任务序列代码，较为复杂，在 PF 中提供了任务拆分、合并、同步等流程可以更加灵活地组合协同任务序列。

(1) 案例分析。任务产生。布局如图 10-74 所示，操作员需要和 AGV 一起行走至暂存区，由 AGV 将货物装载完成后，操作员再和 AGV 一起运送货物至处理器，AGV 在处理器卸货后，和操作员一共前往基础实体处，结束流程。

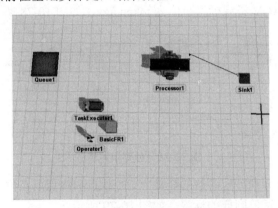

图 10-74　模型布局

添加一个 PF 流程，按计划表在 0 时刻创建一个 token，添加一个创建实体流程，在暂存区中创建一个 box 实体，并赋值 item，如图 10-75 所示。

任务目标产生后，添加一个创建实体流程，添加等待流程 30s，30s 后在暂存区内创建下一个 box，添加一个创建实体流程，在计划表创建器中重置一个 token，重复上述流程，如图 10-76 所示。

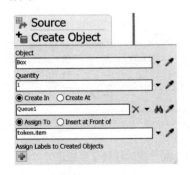

图 10-75　创建实体

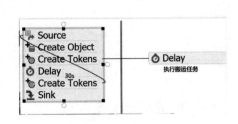

图 10-76　任务主流程

(2) 任务执行。任务下达后等待 3s 开始执行，该货物需要操作员和 AGV 协同完成，所以此处应添加一个分解操作，将任务拆解成两部分同时完成，如图 10-77 所示。

图 10-77 任务分解

分解成两部分后，需要分别获取操作员和 AGV 两种资源，让他们同步执行任务，添加两种共享资源分别指代操作员与 AGV，与 3D 实体绑定。引用的操作员资源标签赋值为 token.people，引用的 AGV 资源标签赋值为 token.agv，如图 10-78 所示。

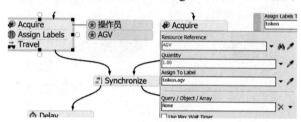

图 10-78 分别引用资源

获取到资源后需要分别分配各自的装载点、卸载点和终点所在位置，此处操作员和 AGV 这些参数都相同，两边赋值同样的标签，如图 10-79 所示。

目标点标定后，操作员和 AGV 分别需要行驶至暂存区处，双方需要都到达后才能执行下一步任务，两边都添加一个行驶任务，目标点为任务的装载点 token.start，两边的任务执行者不同需要注意区分，如图 10-80 所示。

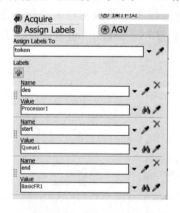

图 10-79 设置行驶标签

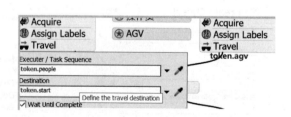

图 10-80 同时行驶至装载点

双方需要都到达装载点后才能执行任务，此处需要判断两边的任务是否均已完成，添加一个同步流程将两个行驶任务完成同步操作，如图 10-81 所示。

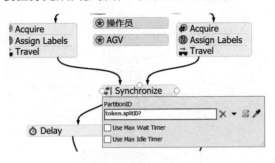

图 10-81　任务同步

完成任务同步之后，AGV 需要将货物装载，操作员在一旁协同，此时 AGV 执行装载操作，操作员等待 AGV 装载完成，协同装载任务如图 10-82 所示。

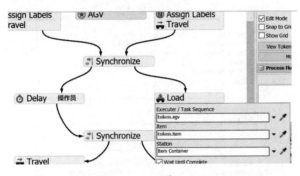

图 10-82　协同装载任务

装载任务完成后，同样需要判断操作员和 AGV 是否都完成了自己的操作，仍需要添加一个同步任务，如图 10-83 所示。

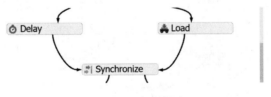

图 10-83　任务同步

下一步需要一同前往处理器，操作员协同 AGV 完成卸载操作。与上面的步骤类似，分成两部分任务一起完成。添加同步任务判断卸载任务是否都完成，如图 10-84 所示。

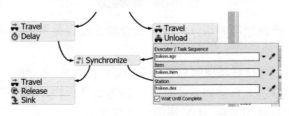

图 10-84　协同卸载任务

完成卸载任务后,操作员和 AGV 需要一同前往基础实体处,之后释放操作员与 AGV 完成该协同任务,如图 10-85 所示。

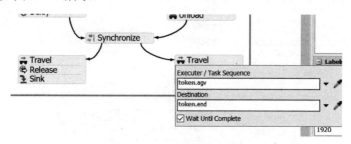

图 10-85　协同完成任务

完成 PF 操作后,为了方便调试与展示,可添加流程框将流程步骤分类整理,如图 10-86 所示。

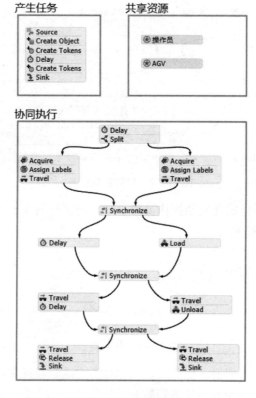

图 10-86　整体流程

完成整体流程后,重置模型并运行,观察模型运行过程是否满足预期要求,模型运行如图 10-87 所示。

(3) 问题与改进。①运行后发现装载任务由 AGV 自行完成,能否修改成 AGV 停留,操作员将货物搬运装在 AGV 上?②如果暂存区内到达多种货物,存在多个工位,按货物种类进行单独加工,如何控制操作员和 AGV 协同完成任务?

标签及工艺流程应用详解

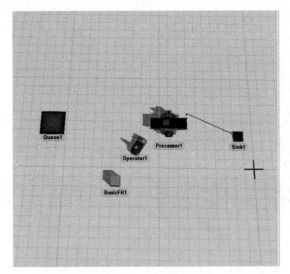
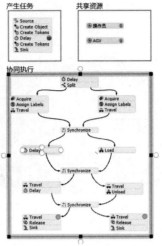

图 10-87　模型运行画面

总结与思考

本章描述了标签及工艺流程的应用，为读者提供了新的模型建立思路，通过二维图形对物流工艺流程进行了详细的解释。

读者可以根据指导建立模型，熟悉对标签的灵活运用，以及 PF 模块的探索。这会在后续实际场景的建模中起到很大的作用。

微课视频

扫一扫获取本章相关微课视频。

10-5　list 加工示例.mp4　　　　10-6 PF 协同示例.mp4

第十一章　利用仿真器实现 PLC 通信与控制

仿真器(Emulator)是 FlexSim 中专用于 PLC 控制和调试的工具。PLC(Programmable Logic Controller)是可编程逻辑控制器的缩写。PLC 是专用于与制造系统中的机械进行交互的计算机。这些专用计算机通常可充当自动化制造系统的大脑，将系统的输入和输出连接起来以控制系统的整体行为。

在当前自动化物流系统的设备控制中，大量使用了 PLC 来进行控制。例如传送带、堆垛机、AGV 等设备，均能够通过 PLC 控制设备的运行。一般情况下需要通过 PLC 编程实现其逻辑功能。

如果能够在仿真软件中进行 PLC 逻辑测试，就不再需要在其他软件中创建梯形逻辑，大大缩短了项目的开发与测试时间，并且能够实现仿真与现实设备之间更好地对接。

第一节　设计 PLC 逻辑

一、仿真器支持的连接类型介绍

Emulator 是 FlexSim 18.1 版本之后内置的新功能，其主要功能是实现 FlexSim 与外部 PLC 系统进行通信，从而指挥实际机械实体的运动。在最新的版本中，已经可以支持如下几种 PLC 通信协议，因此，需要首先了解硬件系统所使用的协议，并选择合适的连接方式。

1) Allen-Bradley Connection

Allen-Bradley 公司是罗克韦尔自动化公司的子品牌在自动化生产和管理方面汇集了领先的技术与经验，为客户提供从控制到最终连接到负载的各种解决方案。其自动化解决方案符合全球质量标准，包括 ISO 9000、欧洲 CE 标准以及中国的 CCIB 标准。FlexSim 的仿真器支持 AB 系列的 PLC 连接，如图 11-1 所示。

2) Modbus RTU Connection

Modbus 是一种串行通信协议，是 Modicon 公司(现在的施耐德电气 Schneider Electric)于 1979 年为使用可编程逻辑控制器(PLC)通信而开发。Modbus 已经成为工业领域通信协议事实上的业界标准，并且现在是工业电子设备之间常用的连接方式。

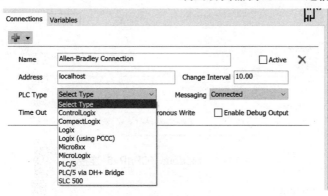

图 11-1　支持的 Allen-Bradley PLC 类型

Modbus RTU 通信以主从的方式进行数据传输，在传输的过程中 Modbus RTU 主站是主动方，即主站发送数据请求报文到从站，Modbus RTU 从站返回响应报文，如图 11-2 所示。

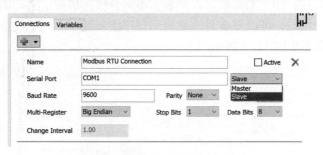

图 11-2　Modbus RTU 连接

3) Modbus TCP/IPv4 Connection

通过 TCP/IP 协议连接的网络已经成为主流，但 Modbus 应用在 OSI 七层模型的应用层时，就可以构成完整的工业以太网。因此，通过 Modbus TCP/IP 可以实现基于标准的以太网进行通信与控制，如图 11- 3 所示。

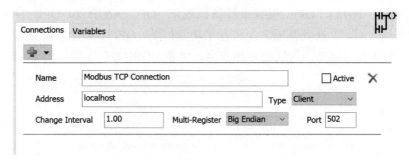

图 11- 3　Modbus TCP/IPv4 连接

4) Modbus TCP/IPv6 Connection

因为 IPv4 地址数量的限制，未来会逐渐使用 IPv6 取代 IPv4，IPv6 采用 128 位的地址，而 IPv4 使用的是 32 位。IPv6 二进位制下为 128 位长度，以 16 位为一组，每组以冒号":"隔开，可以分为 8 组，每组以 4 位十六进制方式表示。例如：

2001:0db8:86a3:08d3:1319:8a2e:0370:7344 是一个合法的 IPv6 地址。Modbus TCP/IPv6 连

接如图 11-4 所示。

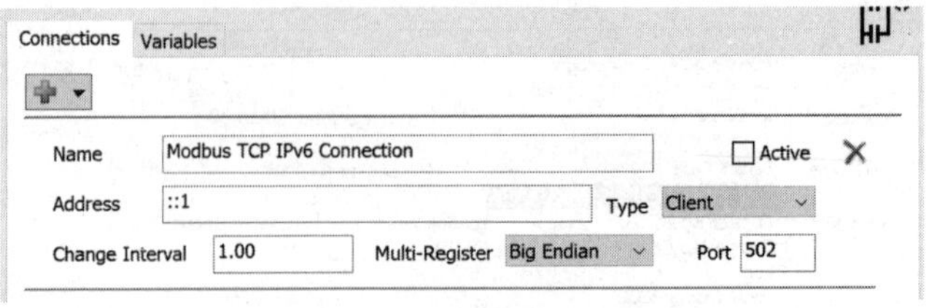

图 11-4　Modbus TCP/IPv6 连接

5) OPC DA Connection

OPC(OLE for Process Control)技术为工业自动化数据交换提供了一种解决方案，它是由硬件供应商、软件开发者、终端用户共同制定的一整套规范。OPC DA(OLE for Process Control，Data Access)指简化不同总线标准间的数据访问机制，为不同总线标准提供了通过标准接口访问现场数据的基本方法。OPC DA 服务器屏蔽了不同总线通信协议之间的差异，为上层应用程序提供统一的访问接口，可以很容易地在应用程序层实现对不同总线协议的设备进行互操作。OPC DA 连接界面如图 11-5 所示。

图 11-5　OPC DA 连接

6) OPC UA Connection

OPC UA (Unified Architecture)涵盖了 OPC 实时数据访问规范 (OPC DA)、OPC 历史数据访问规范 (OPC HDA)、OPC 报警事件访问规范 (OPC A&E) 和 OPC 安全协议 (OPC Security) 的不同方面，又在其基础之上进行了功能扩展。OPC UA 让数据采集、信息模型化以及工厂底层与企业层面之间的通信更加安全、可靠。OPC UA 连接如图 11-6 所示。

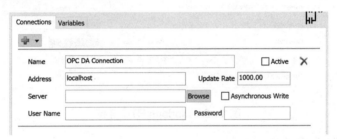

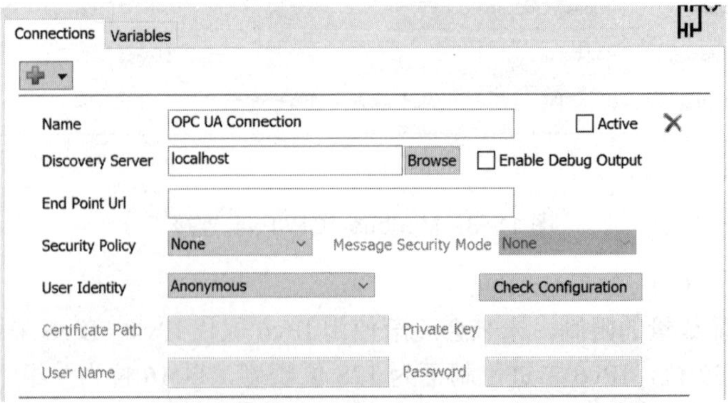

图 11-6　OPC UA 连接

二、仿真器在传送带 PLC 应用案例

在传送带系统中，通常会使用各种光电传感器获取信息，传递给 PLC 控制传送带的驱动电机，以实现一定的动作控制。

当前要实现一个应用是将物品在传送带上运行，到达光电传感器位置，传感器获得断开信号，驱动电机将传送带暂停 5 秒钟，之后再恢复运行。假设产品的到达时间间隔为 10 秒钟。

1) 创建 3D 模型

建立如图 11-7 所示模型，包含 Source、Straight Conveyor、Processor、Sink，在 Conveyor 上放置一个 Photo Eye，使用 Motor 控制传送带。连接关系如图 11-7 所示(全部使用 A 连接)。

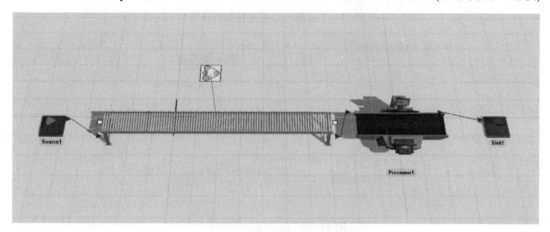

图 11-7 Emulation 传送带模型布局

2) 创建 PF

PLC 的控制逻辑包括从传感器获取输入信息，通过 PLC 控制器实现连接，向驱动设备发出控制命令实现控制。创建完成的 PF 如图 11-8 所示。

(1) 创建三个流程框，分别命名为传感器输入、服务器连接以及控制输出。

(2) 在 Shared Assets 中拖拽 Variable(变量)到传感器输入流程框，并将其命名为光电传感器。

(3) 单击打开该变量属性窗口，做如下设置：在"Variable or Value"下拉列表中选择"Internal Emulation Variable"内部仿真器变量，并继续选择 OPC DA Sensor Tag(使用 OPC DA 传感器标签)，如图 11-9 所示。

注意，这里因为是采取本机方式进行 PLC 连接模拟，因此使用 Internal 方式，如图 11-10 所示，如果需要和外部设备之间连接，则需要用 Emulation Variable。在 Connection 中，用采样器工具在服务器连接流程框的空白处单击，选择"Create Connection and Connect"，创建内部连接。

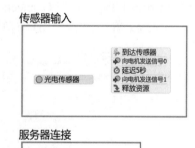

图 11-8 模型 PF 逻辑

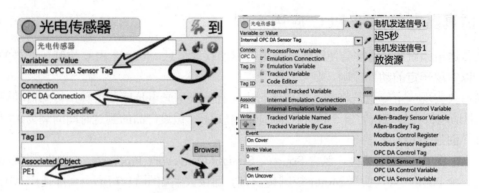

图 11-9 光电传感器变量属性设置

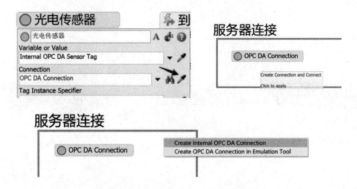

图 11-10 创建服务器连接

在 Associate Object 中,同样用采样器工具在 3D 模型中选择光电传感器 PE1。

(4) 拖拽 Variable 到控制输出流程框,命名为"电机",设置方式和第三步类似。"OPC DA Control Tag",在 Connection 中选择刚才在服务器连接中创建的 OPC DA Connection,Associate Object 连接到 3D 模型中的 Motor1,如图 11-11 所示。

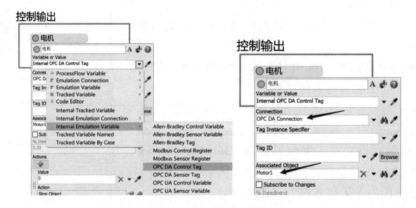

图 11-11 电机变量设置

(5) 设置光电传感器的写入事件,在"Write Events"中新增两个事件,OnCover 和 OnUncover,值分别设为 0 和 1,即可移动实体到达光电传感器时,传感器输出 0 值,离开传感器时输出 1,相当于发送传感器的断开和接通信号,如图 11-12 所示。

(6) 设置电机的行动事件,在电机的 Actions 下加入两个动作,在获取 0 值时,停止当前电机,实现传送带暂停,而值为 1 时,恢复传送带运行,如图 11-13 所示。

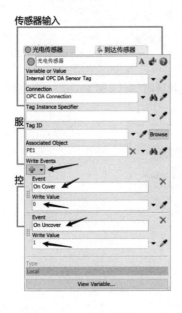

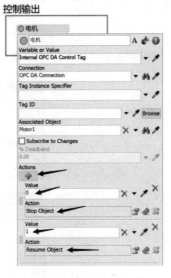

图 11-12 光电传感器写入事件　　　　图 11-13 设置电机行动事件

(7) 设置梯形逻辑,如图 11-14 所示,流程为"事件触发创建 Token—发送信号 0—延时 5 秒—发送信号 1—释放资源"。

(8) 事件触发属性设置如下,连接对象为光电传感器变量,事件为 OnChange。因为到达意味着当前处于运行状态,因此对于 Token 的标签匹配新值为 1,如图 11-15 所示。

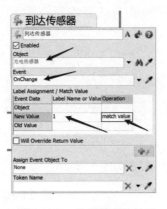

图 11- 14 创建梯形逻辑 PF　　　　图 11-15 传感器到达触发

(9) 设置变量(Set Variable)连接电机变量,将值设为 0,如图 11-16 所示。

(10) 如图 11-17 所示,设置延时 5 秒。

(11) 如图 11-18 所示设置电机变量为 1。

(12) 释放令牌资源。最终逻辑连线如图 11-19 所示。

 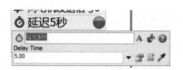 

图 11-16　向电机发送信号 0　　　图 11-17　设置电机延时　　　图 11-18　向电机发送信号 1

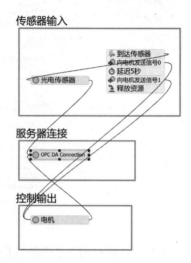

图 11-19　PF 逻辑连线

模型运行如图 11-20 所示。

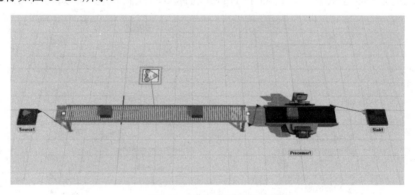

图 11-20　模型运行效果

第二节　仿真器与外部模拟器数据通信应用

一、Emulator 属性介绍

Emulator 主要包括两个模块，即连接控制器(connections)和变量控制(variables)。连接控制器主要负责与外部 PLC 建立连接，变量控制是系统间传输的数据内容。

如图 11-21 所示，单击连接控制器界面的 ![+] 可以建立不同连接方式，添加任意一个连接后都会出现编辑界面，例如添加一个如图所示的 Modbus TCP/IPv4 Connection 连接，依次需要编辑的属性分别如下所述。

(1) NAME：连接的名称，方便查找。
(2) Active：该连接是否活跃，勾选后开启该连接。
(3) Address：连接的 ip 地址，默认 localhost 创建与虚拟客户端的连接，或以 190.123.10.1 的形式指定 ip 地址。
(4) Client / Server：连接的是客户端还是服务器。
(5) Change interval：在模型运行过程中，FlexSim 与外界传输信息的时间间隔。
(6) Multi-Register：模型与外界传输信息的顺序。
(7) Port：连接的端口号，一般为 502。

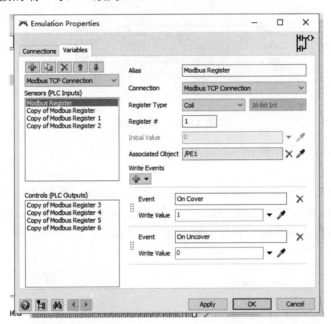

图 11-21 Modbus TCP/IPv4 属性页面

Variables 是指 PLC 发出的任何输入和输出信号，FlexSim 中有两种类型的变量传感器 sensors(输入)和控制 controls(输出)。单击 ![+] 可以添加变量。依次需要编辑的内容如下所述。

(1) Alias：变量名称。
(2) Connection：变量连接的类型。
(3) Register Type：寄存器的类型。
(4) Register#：寄存器的地址。
(5) Initial value：寄存器的初始值。
(6) Associated Object：信息所连接的实体，即接受模型内哪个实体发出的信息。
(7) Write events：触发事件，即发出何种信息。

二、仿真模型

某食品加工厂加工食品需经过四道质量检测,当食品经过传送带上特定的传感器时,传感器向外部信息接收器发布通行指令 1,依次通过四个检测传感器。当检测完成后,通过外部信息接收器发布通行指令,指挥下游传送带开始工作。

1) 模型布局

模型共需要三个发生器,三条传输带,三个吸收器,四个光电传感器。连接方式如图 11-22 所示。

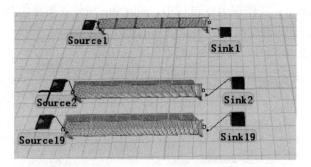

图 11-22 模型布局

依次对上下游进行 A 连接。

2) 连接设置

单击 tools→connectivity→emulator,添加一个 emulator,模型要求中强调双向通信,因此此处建立一个 Modbus TCP Connection,为了方便,需要下载一个 modbus 模拟器进行本机通信,勾选 Active 将连接激活,具体设置如图 11-23 所示。

图 11-23 创建 Modbus TCP 连接

3) 外部 Modbus 设置

下载一个可双向通信的 Modbus 虚拟客户端,在本书配套材料中提供。设置其 I/O 形式为 coil(位变量)，调整端口号内外一致(例如均为 503 端口)。具体设置如图 11-24 所示。

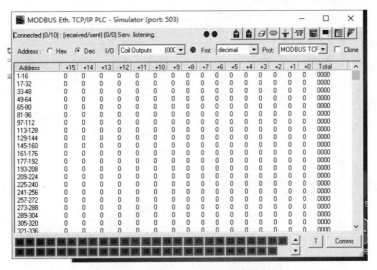

图 11-24 Modbus 仿真器设置

4) 变量设置

添加四个 sensors(输入)变量，分别调整连接类型为 Modbus TCP Connection，Register Type 为 coil，输出顺序分别为 1，2，3，4。在 Associated Object 选项后单击采集器 ✎，连接 3D 视图中的 ▓ 选项，四个传感器分别对应四个变量，单击 Write events 下方的 ✚▼ 添加两个信息事件，当实体经过传感器时发送信号 1，当实体穿越传感器后发送信号 0。设置如图 11-25 所示。

图 11-25 Modbus PLC 输入设置

添加两个 controls(输出)变量，参数设置基本同上，在连接实体时单击采集器 ✎，在 3D 视图中连接下游传输带，在设置事件中添加两个事件，分别为接受外部信号为 1 时，设置传送带速度为 1。接收外部信号为 0 时，设置传送带速度为 0。设置如图 11-26 所示。

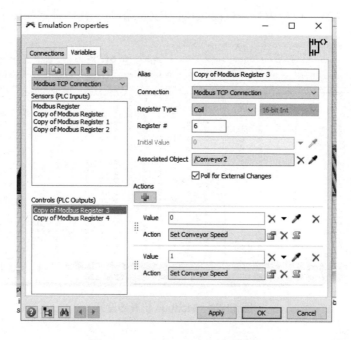

图 11-26　Modbus PLC 输出设置

5) 模型运行

设置好模型后，单击重置运行模型，可以看到当传送带上的实体通过第一个传感器时，外部 Modbus 模拟器接收到了 FlexSim 传递的信号 1，如图 11-27 所示。

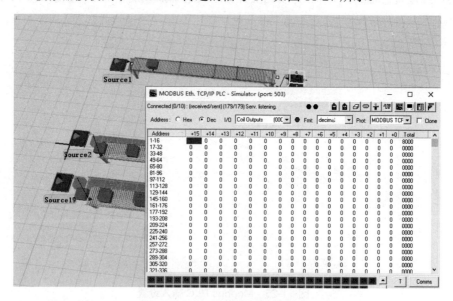

图 11-27　外部模拟器数据响应

继续运行后，实体依次经过传感器 2，3，4，外部 Modbus 模拟器依次接收到 FlexSim 发送的信息。双击下游传送带对应的 Register# 号，使其变成 1，可以看到 3D 视图中的下游传送带开始工作，双击变为 0 后，传送带接收到信息停止运动。操作界面如图 11-28 所示。

利用仿真器实现 PLC 通信与控制 第十一章

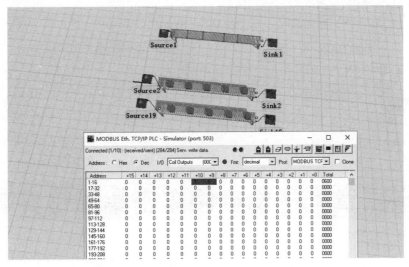

图 11-28 外部仿真器控制 FlexSim 模型运行

可以通过重复操作验证模型的有效性。至此，本章已经实现了通过 FlexSim 中的 Emulation 模块实现与外部 PLC 的对接，这一技术能够有效地建立仿真和实体设计之间的关联，为仿真工程师和自动化系统设计工程师之间提供了更为有效的沟通方式。

 总结与思考

数字孪生是未来几年技术应用的热门领域，许多公司都在积极地探索开发，本章通过介绍 PLC 通信与虚拟模型的数据传输功能，实现虚拟与实际的实时结合，可让读者清晰直观地理解数字孪生的应用场景。

数字孪生功能还有很大的开发空间，通过 Emulation 模块，读者还可以进行很多有意思的尝试，探索更多的可能性。

 微课视频

扫一扫获取本章相关微课视频。

11-2 Emulation 示例.mp4

第十二章　子母穿梭车密集库仿真与应用

由于电商的发展，以及客户需求的多样性，物流系统越来越需要满足高频次、多品种、小批量的任务要求。同时，为了进一步提升仓储密度，在传统以托盘为基础的立体仓库基础上，密集仓储系统得到了更为广泛的应用。

第一节　密集仓储系统

当代的物流仓储系统，已逐渐从平面存储向立体存储过渡，以增加仓储的密度。目前，最常使用的是立体仓库 ASRS 系统，但是受限于巷道堆垛机数量，立体仓库的入库效率仍然达不到某些特定场景的需求，在存储密度和系统成本方面未能满足企业的要求。

在市场需求的推动下，一种名为密集仓储系统(High Density Storage System)的新型装备开始得到应用。它可以有效地提升自动化立体仓库的存储密度，通过单一巷道满足整个立库的存取，特别适合于食品、饮料、烟草等品类数较少，而批量较大的行业。在这一类型的系统中，主要使用了托盘穿梭车(Pallet Shuttle)作为主要的自动化搬运工具实现密集化存储。

一、密集仓储系统分类

出于对存储密度提升的需求，从传统采用人工或者叉车进行存取的形式转向了进一步增加存储密度，充分利用立体空间的存取方法，一般而言，主要包括以下几种主要形式。

1) 驶入式货架(Drive in Rack)

驶入式货架如图 12-1 所示，又称之为贯通货架，这是一种叉车可以进入货架内部进行存取作业的货架，叉车的运行通道即存储区域，具有存储密度大的特点，但是在存取上为先进后出式，适用于品种少，存取批量较大的应用场景。

2) 压入式货架(Push Back)

压入式货架如图 12-2 所示，又可以称之为后推式货架，即将货物存放在托盘上，通过叉车将货物压入具有辊子的货架上，货架具有一定的倾斜度，货物从较低处"压入"货架进行存储，在取货时，也同样从较低处取走托盘货物，而后部的货物则会自动滑到较低端，方便存取。这样叉车就无须驶入货架，就能实现较大的存储密度。与驶入式货架相同，这也是一种先进后出型货架。

图 12-1 驶入式货架

图 12-2 压入式货架

3) 重力式货架(Gravity Rack)

重力式货架如图 12-3 所示，与压入式货架的结构较为类似，也采用了辊道方式进行存储，不同的是，入库方向在辊道位置较高的一侧，而出库位置在辊道较低的一侧，利用重力就可以实现存储货物的自动滑下，能够有效地实现先进先出的管理方式。一般对于小件、多品种货物的存取分拣较为有利。

以上三种为常用的密集仓储系统。目前随着自动化系统的应用越来越多，让自动小车在货架中穿行，能够进一步加大并行作业的效率，提高存取的灵活性。

图 12-3 重力式货架

二、子母穿梭车密集库

在现代化仓储场景中,为了提高仓储空间的利用效率,密集存储策略被广泛应用,穿梭车存储系统是密集存储策略的典型代表。

穿梭车有多种类型,如两向穿梭车、四向穿梭车、子母穿梭车等,其运行逻辑大同小异。子母穿梭车由母车和子车构成,单一设备只在一个维度上运行,结构简单、稳定性好,实施成本较低。结构模型如图 12-4 所示,存储流程为由控制装备将货物提升到预分配的层(Level,Z 轴),传递给子母车,母车行驶到预定的列(Bay,Y 轴),释放子车,将货物放置到预定货位(Slot,X 轴)。存储货物的三维坐标位置分别由三个不同装备执行,能够有效地降低系统在设计和实施过程中的复杂度,因此稳定性和可靠性程度较高。由于一个系统中可以为每一层配置子母车,因此,更好地实现了并行化存取作业,极大地提高了存取效率。

图 12-4 密集库模型示例

第二节 自动化密集库系统仿真

本节选取子母穿梭车为代表进行建模。子母穿梭车由母车和子车构成,在模型中可以通过两个 TaskExecuter 堆叠而成(将子车拖入母车作为子实体),如图 12-5 所示。本节通过

FlexSim 来搭建穿梭车密集库，评估实际场景中可能出现的问题及解决策略。

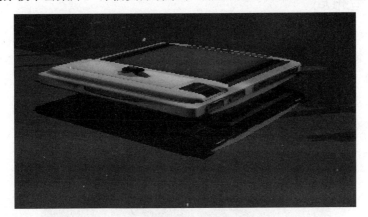

图 12-5　子母车图示

一、模型概述

业务需求。

(1) 4 种货物经过打包后，通过传送带传送至密集库左侧上料位置(升降机)。

(2) 货物传送至升降机后，升降机根据密集库货位存储情况，提升到相应库位高度。

(3) 货物到达位置后，子母穿梭车运动到升降机取料，并运送至相应货位。密集库单体属性：列数 9，层数 10，列宽 1m，层高 1m。参数设置如图 12-6 所示。

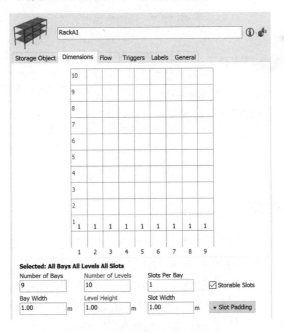

图 12-6　密集库货架参数

二、建立模型布局

按照图 12-7 布局布置模型,共计 9 排 18 组货架,1620 个货位,共 10 层。每层设置一台子母穿梭车,每辆车固定在一层内执行任务,母车带有层号标签,如图 12-8 所示。入库提升机进料点设置一个决策点 DP 用作触发时间点,入口合成器打包好托盘后,经过传送带进入入库升降机,通过子母车完成入库任务。

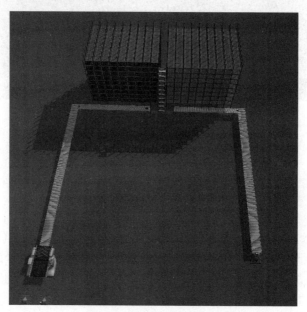

图 12-7 模型布局

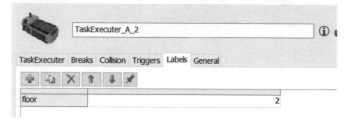

图 12-8 母车层号标签

三、生成原始库位表

1620 个货位随机分配,需要记录 18 组货架中的所有货位,将货位信息写入全局表中。

建立全局表 SKU_Table,在货架的重置触发中编写代码,由于此处多个货架都要进行相同操作,可以通过编制用户代码快速建模。单击工具箱中的添加按钮,在 Modeling Logic 中可以找到 User Command,如图 12-9 所示。单击后会出现用户命令,添加一个用户命令 Write_SKU,如图 12-10 所示,在 Code 右下角处单击 图标输入代码,该命令代码如图 12-11 所示。

子母穿梭车密集库仿真与应用 第十二章

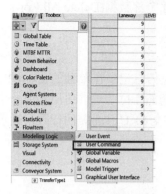

图 12-9 用户命令位置

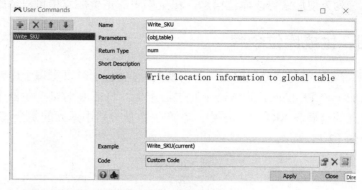

图 12-10 用户命令参数

```
1 /**Custom Code*/
2 Storage.Object obj = parnode(1);
3 Table table = parnode(2);
4 Table SKU = Table("SKU_Table");
5 int n = obj.bays.length;//该货架的行数
6 Storage.Bay bay = obj.bays[1];
7 int m = bay.levels.length;//该货架的列数
8 for(int a = 1;a<=n;a++)//遍历每列
9 {
10     for(int b = 1;b<=m;b++)//遍历每行
11     {
12
13         obj.LEVEL = b;
14         obj.BAY = a;
15         table.addRow(1);
16
17         table[1][1] = obj.Laneway;
18         table[1][2] = obj.LEVEL;
19         table[1][3] = obj.BAY;
20         table[1][4] = obj.RACK;
21         table[1][5] = obj;
22     }
23 }
```

图 12-11 用户命令代码

创建完成后，在每个货架的重置触发中应用用户命令，如图 12-12 所示。

```
1 /**写入货位信息*/
2 Object current = ownerobject(c);
3
4 //向全局表写入货位信息
5 Write_SKU(current,Table("SKU_Table"));
```

图 12-12 重置触发命令

重置后，全局表 SKU_Table 中便被录入了库位信息，具体内容如图 12-13 所示。

Laneway	LEVEL	BAY	RACK_Id	Rack
9	10	9	2	/RackB9
9	9	9	2	/RackB9
9	8	9	2	/RackB9
9	7	9	2	/RackB9
9	6	9	2	/RackB9
9	5	9	2	/RackB9
9	4	9	2	/RackB9
9	3	9	2	/RackB9
9	2	9	2	/RackB9
9	1	9	2	/RackB9
9	10	8	2	/RackB9
9	9	8	2	/RackB9
9	8	8	2	/RackB9

图 12-13 全局表库位信息

为方便后续修改库位信息,在全局表的重置触发中可以清除全部数据(Delete All Rows)。

四、生成库位令牌

在PF中每次分配库位时都需要判断逻辑,这时可将每个库位信息记录在单独的token中,添加一个PF画布,拖入一个发生器逻辑,将在0时刻产生的全部库位信息,引用到前一步建立的全局表SKU_Table中,在产生数量一栏中返回的是全局表SKU_Table的行数,设置如图12-14所示。

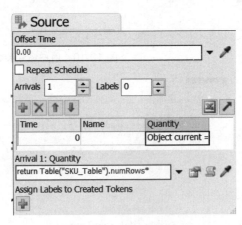

图12-14 产生token

产生等量的token后需要将每个货位对应的信息写入token,创建一个分配标签步骤,并将全局表中记录的信息写入每个token,如图12-15所示。

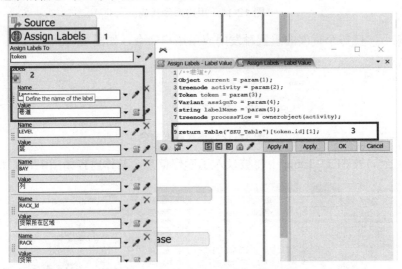

图12-15 Token中录入库位信息

将产生的token放入一个列表中等待取用,添加一个推入列表操作,将所有token按照区域编号分类,重置运行后全部的token就产生完毕了。如图12-16所示,列表中有1620个token。

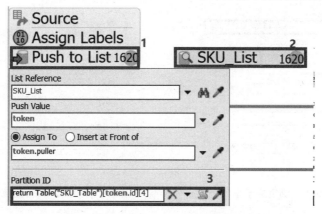

图 12-16　建立 token 列表

五、任务分配

货位信息记录完成后，即可等待任务分配，之前建立模型时在入库升降机的入口传送带上设置了一个决策点 DP，在 PF 画布中添加一个监听事件步骤，用来获取 DP 的到达触发时间点，并将到达的 item 赋值为 token.item，如图 12-17 所示。

随机分配所放置的层号，设置一个标签分配，给 item 设置目标层号，如图 12-18 所示。

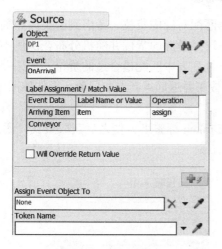

图 12-17　任务触发

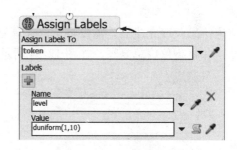

图 12-18　分配目标层

设置完层号后需要绑定对应层的子母车，根据层号索引母车上的 floor 标签，添加一个占用资源步骤，将所有的母车合并成一个组，从组中按照 floor 标签绑定穿梭车，如图 12-19 所示。

如果该层的穿梭车正在执行任务导致占用失败，可以返回上一步重新指定目标层号。在获取穿梭车步骤中添加等待时间 1s，如果 1s 后未获取到指定穿梭车可以重新指定层号。如果获取成功，再进一步设置母车的第一个子实体为子车，添加子车标签，如图 12-20 所示。

选取好目标层后，在同层内选取 9 排货架中任意一排作为卸货巷道，添加设置巷道标签，如图 12-21 所示。

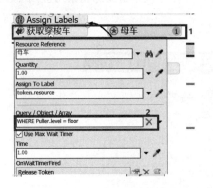

图 12-19 绑定穿梭车　　　　　图 12-20 定位子车

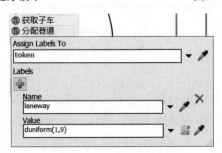

图 12-21 选择巷道

确定好卸货层数和卸货巷道后，应以此为依据匹配对应的货位。考虑到密集库布局比较紧密，为避免复杂的倒库操作，选取货位时应优先选择最深的货位并随机分布在两侧不同的区域，添加一个从列表拉取操作，在之前建立的货位列表中匹配最合适的货位。如果获取失败，则代表该巷道货位都已存有货物，需要释放穿梭车并返回重新选取层数，操作如图 12-22 所示。

货位信息获取完成后，需要将货位信息复写在 token 标签上方便之后获取查找，添加标签操作，并将货位信息复写，如图 12-23 所示。

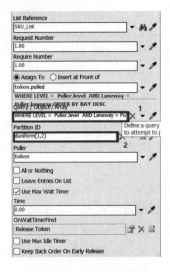 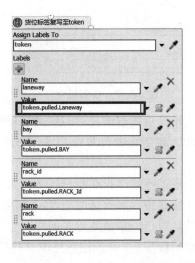

图 12-22 拉取货位信息　　　　　图 12-23 货位信息复写

操作完成后下面要进行的是任务执行阶段，为了方便逻辑调试可以用 PF 中的区域进行框选，以方便快速识别。任务分配完成后该部分逻辑段如图 12-24 所示。

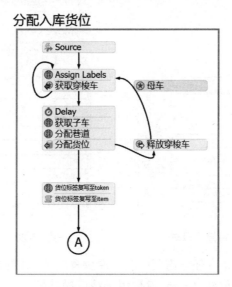

图 12-24　货位分配逻辑

六、任务执行

在之前的逻辑中将子母车、入库货物 item、入库货位信息都以标签的形式存储在 token 中，之后需要规划穿梭车行进的逻辑，接着分配货位的逻辑段，此时入库货物 item 到达入库点 DP，需要通过提升机进入密集库，首先添加一个引用提升机的步骤，引用入库提升机并赋值为 token.elevator，如图 12-25 所示。

引用成功后需要让提升机去一楼传送带 DP 处取货，添加一个提升机行走步骤，行驶目的地为传送带 DP 所在高度，以方便提升机取货，如图 12-26 所示。

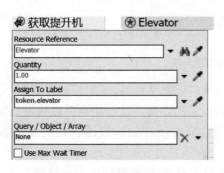 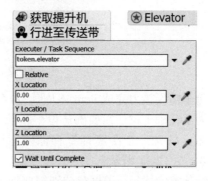

图 12-25　引用入库提升机　　　　　　图 12-26　提升机下降

到达指定位置后，入库提升机执行取料操作，装载完货物 item 后，再依据之前获取的目标层信息，让入库提升机行驶至目标层高度对接子母车，如图 12-27 所示。

提升机完成任务后，需要与子母车接驳转移货物，让子车行驶至提升机内将货物装进子车，完毕后让子车行驶回巷道进行入库操作。添加母车行驶任务和子车装料任务，装料后对货物 item 的位置进行调整，再添加母车行驶出提升机的任务，如图 12-28 所示。

图 12-27　提升机对接子母车　　　　图 12-28　子母车接驳货物

货物交接完毕提升机完成任务需要行驶至原位置(一楼)并释放掉，子母车需要接力完成入库任务，此时添加一个创建 token 流程用于释放提升机，主流程继续完成入库操作，如图 12-29 所示。

图 12-29　释放提升机

子母车需要接力完成 item 入库任务，分别为母车行驶至巷道，子车行驶至货位，完成 item 卸货。为了精确定位，需要确认母车和子车各自行驶的距离，这种距离可以通过货架的坐标计算获取，添加一个距离标签存储坐标计算的结果方便行驶时取用，代码及标签设置如图 12-30、图 12-31 所示。

坐标计算完成后，子母车分别需要行驶到各自的坐标(母车目标点为 x 坐标，子车为 y 坐标)，最后完成卸货任务。添加子母车的行驶任务和卸货任务，如图 12-32 所示。

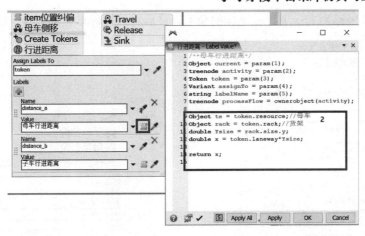

图 12-30　母车行驶坐标

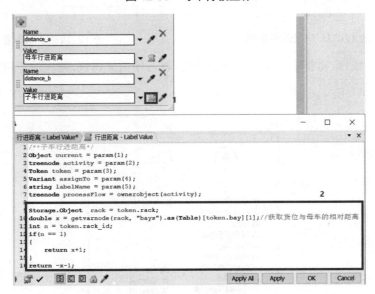

图 12-31　子车行驶坐标

图 12-32　子母车行驶入库任务

入库完成后需要记录完成入库的货物 item，生成子 token 建立货物列表，以方便查阅与调试，如图 12-33 所示。

入库任务完成，子母车需要回到初始位置并释放等待下一个任务，添加子车行驶和母车行驶任务,行驶坐标为上一步行驶坐标的负数,最后释放掉母车完成任务,如图 12-34 所示。

图 12-33 记录入库货物

图 12-34 子母车复位

任务执行完成,应将整个逻辑模块整合分类,以方便后续调试,完成后逻辑模块如图 12-35 所示。

图 12-35 入库卸货模块

七、运行调试

建立好模型后重置运行,观察动画是否正常,也可以在 PF 模块追踪 token 的标签变化查询任务进度。运行状态如图 12-36 所示。

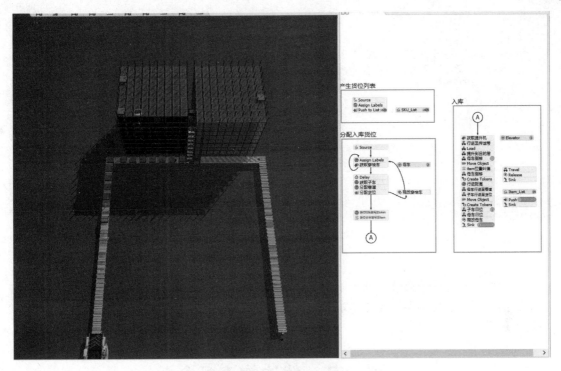

图 12-36　模型运行过程

 总结与思考

智慧物流是物流系统发展的大课题，本章通过对子母车密集库的分步建模让读者对物流场景的定制化需求有了更清晰的认知。读者可以进一步思考如下问题。

(1) 能否参照入库流程，利用右侧提升机设计出出库任务流程？

(2) 模型运行后，发现穿梭车利用率较低，为了降低整体规划成本，将入库提升机升级为换层提升机，子母车可以在各层之间灵活调度，可以节约几台子母车设备？

(3) 密集库对比传统 AS/RS 堆垛机库，有什么优劣势？

 微课视频

扫一扫获取本章相关微课视频。

12-1 密集库-1.mp4　　　　　12-2 密集库-2.mp4　　　　　12-3 密集库-3.mp4

第十三章　线边物流系统

本章作为最后一个章节，以企业的实际案例为蓝本进行改编，对制造业线边物流系统进行了详细介绍与仿真实现。通过本章的学习，读者能够较为清楚地理解线边物流系统的组成与运行逻辑。

第一节　线边物流概念

一、基本概念

线边物流系统主要用于支持生产线的不间断生产。由于生产企业的特性，常常没有办法将常规库存设立在每一个车间旁边，因此必须通过持续不断地供货补料来维持生产的持续进行。而在生产线上，既不能备有库存，又需要满足生产的实时化，因此，设立线边物流系统就显得尤为重要。

线边物流(Line/Auxiliary Logistics)设立是以实现生产线的准时定量供料为目的。通过下游的需求驱动，利用自动化系统实现及时性补货，在库存保障以及生产连续之间，可以找到最优平衡点。

通过线边物流系统的规划设计，能够提升物料的管理水平，通过数字化手段建立生产的全过程管控，可以提升生产精益化水平。

在一个典型的自动化线边物流系统中，包括线边仓库、无人搬运 AGV/RGV 系统，上下料系统等。实现线边物流最重要的是实现其调度系统的算法设计，通过有效的调度，能够实现设备利用率和服务满足率的同步提升。

在汽车制造行业，生产的精益化水平较高，也较早地应用了线边物流系统。本章以一个典型的装配企业的线边物流仿真方案为例，研究两种不同的线边物流模式的仿真应用。

二、案例描述

如图 13-1 所示，上方为暂存库区，AGV 在库区的右侧上料及返空，下方为一个连续的生产线。AGV 沿逆时针方向的路径行驶。

线边物料采用"一备一用"的形式,在线边料架上有两个物料盒,每个物料盒中放有30个零件。各工位每完成一次加工消耗一个零件,当第一个物料盒中的零件消耗完,操作员转而使用第二盒零件并进行叫料操作(一般实际现场的工位上都配有叫料按钮)。库区操作员收到产线上的叫料信息后会根据叫料信息进行备料并且呼叫AGV,再由操作员将备好的料箱装载到AGV上,AGV行驶至线边等待。线边操作员完成当前加工任务后置换料箱,之后AGV行驶至"返空"点由操作员取下空料箱,AGV等待下一次配送任务。

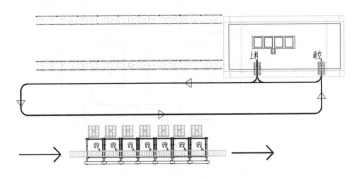

图 13-1 线边物流模型布局图

根据上述业务流程描述以及图13-1建立模型布局如图13-2所示。

图 13-2 线边物流仿真布局

第二节 线边物流建模(一对一方案)

一、模型逻辑

一台AGV对工位进行一对一配送料箱时,线边操作员叫料后AGV会即时去往库区等待装料并执行配送任务。由于涉及多个任务执行器之间的协同,一般需要编写协同任务序列,不过在FlexSim更新了PF模块后协同任务序列已经很少再被使用了。因此,在本书中也不再介绍协同任务序列的用法,这里我们使用任务序列和发消息结合的方式建立模型逻辑。模型逻辑如图13-3所示。

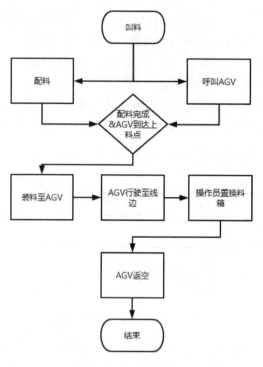

图 13-3 建模逻辑

二、模型布局

1) 模型图纸导入

首先应按图 13-4 所示的步骤将模型的数值精度调整为 3,将模型库中的 "Background" 拖入模型中导入 CAD 文件并按图 13-5 所示设置 CAD 的位置为坐标原点,因为 CAD 在绘制时的单位是 mm 而模型的单位是 m,所以还需如图 13-5 所示将 CAD 的大小缩小一千倍。导入 CAD 文件后,根据模型的背景进行布局。

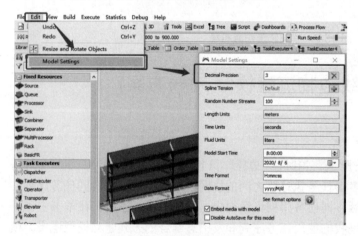

图 13-4 模型数值单位设置

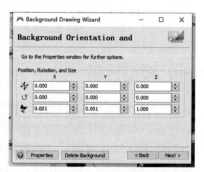

图 13-5 导入 CAD 图纸比例设置

2) 料箱尺寸设置

在 FlowItem Bin 中，如图 13-6 所示，修改 Tote 的尺寸为(0.5,0.8,0.3)，用它作为存放零件的料箱。

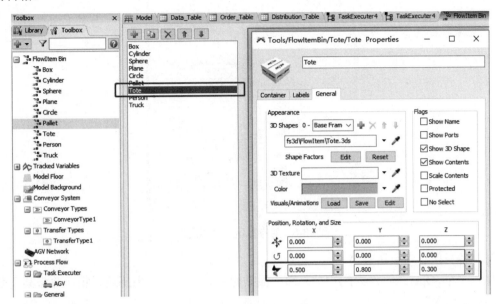

图 13-6 料箱尺寸设置

3) 暂存库区建模

按如图 13-7 所示拖入一个 Source 用于产生料箱至货架。本模型中默认零件是充足的，所以将发生器的时间间隔设置为 0，在 FlowItem Class 中选择修改好尺寸的"Tote"作为料箱。在 Send To Port 触发器中选择"Random Port"让 Item 均匀发送到两个货架。模型中一共有 7 个加工工位，需要 7 种零件，用标签"Type"表示料箱中零件的类型，每个料箱可以放 30 个零件。这里我们直接用一个值为 30 的标签"v_parts_num"表示即可，按如图 13-8 所示的方法设置好 Item 的标签并根据零件的不同设置 item 的颜色。

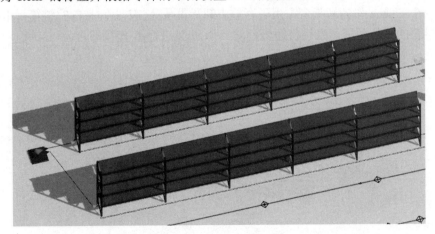

图 13-7 暂存库区建模

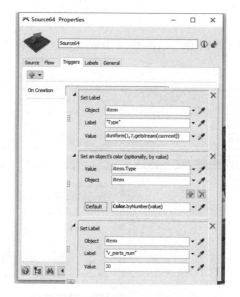

图 13-8　暂存库区发生器逻辑

4) 备货区、返空区建模

拖入一个 Operator 作为配货员，用于根据叫料订单在货架中拣选料箱，并将其命名为"Operator_rack"。

拖入一个 Operator 作为上料员，用于将配货台上的料箱放置到 AGV，将其命名为"Operator_out"。

拖入一个 Operator 作为空料箱卸货员，用于卸载返空 AGV 上的空料箱，将其命名为"Operator_back"。

拖入一个 Dispatcher 用于分配配送任务给 AGV，在拖入 AGV 后将 Dispatcher 分别与每个 AGV 进行 A 连接，在 Pass To 选项中选择"Round Robin"循环给 AGV 分配任务即可。

拖入一个 Queue 作为配货台，用于存放由配货员从货架拣选出来的料箱。将配货台与 Operator_out 和 Dispatcher 进行 S 连接。

拖入一个 Queue 作为卸货台，用于存放由卸货员从 AGV 上卸载的空料箱。本模型暂时不考虑空料箱的循环利用，直接将卸货台与一个 Sink 进行 A 连接即可。

布局完成后，模型如图 13-9 所示。

图 13-9　备货区、返空区建模

5) 生产线建模

生产线由 7 个工位组成，拖入 7 个 Processor 后，应根据布局图调整其大小和位置，分别添加一个名为"v_ProcIndex"的标签，值为该工位的序号，依次为 1~7，从左至右依次进行 A 连接，将一个 Source 通过 A 连接到第一个工位，将最后一个工位连接到一个 Sink。为每个 Processor 拖入一个 Operator 和 Queue 作为加工操作员和线边料架，并分别与它们进行 S 连接，为 Operator 添加一个名为"v_ProcIndex"的标签，标签值与 Operator 对应的 Processor 的"v_ProcIndex"标签相同。如图 13-10 所示，将 Process Time 设为 30，保证 Operator 作为 1 号中间端口，如图 13-11 所示，勾选 Processor 的 Use Operator(s) for Process 复选框，在 Pick Operator 选项中使用默认选项"current.centerObjects[1]"即可。

图 13-10　产线工位参数设置　　　　图 13-11　产线工位中心端口连接设置

拖入一个 Source，用于产生初始的线边物料，将其分别与 7 个线边料架进行 A 连接。由于只需要一次性产生 14 个 Item，按如图 13-12 所示，使用 Arrival Schedule，后按如图 13-13 所示，在 On Creation 触发器设置 Item 的标签和颜色。在 Send To Port 触发器中选择 Port By Case，使 Item 根据不同的 Type 发送到指定的 Queue。

完成布局后，如图 13-14 所示。

6) AGV 设置

根据布局图，逆时针布置 AGV 路径，根据如图 13-15 所示的位置，放置 Control Point 并分别与对应的 Queue 进行 A 连接。

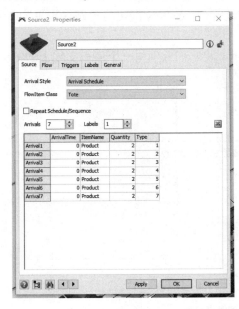 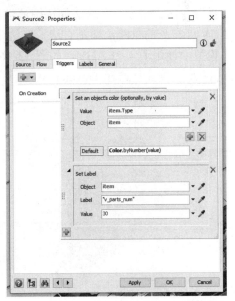

图 13-12　线边物料产生方式　　　　图 13-13　创建触发设置

图 13-14　产线建模总体布局

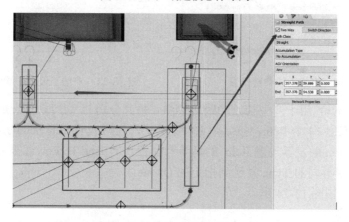

图 13-15　AGV 路径设置

需要特别注意的是，如图 13-15 所示，上料点、返空卸料点和 AGV 停车处的路径是双向的，鼠标左击该路径，在右边的快捷属性栏中选择 Two Way 即可将该路径设置为双向。每个 AGV 停车处的岔路，都是右边入左边出。

本模型中使用了 4 台 AGV，如图 13-16 所示，将它们分别与一个停车支线上的 Control Point 进行 A 连接并且选择 Traveler AGV。

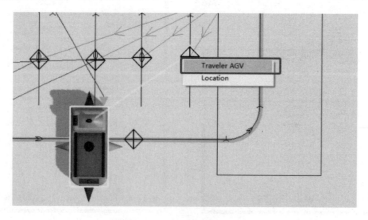

图 13-16　AGV 停靠点设置

如图 13-16 所示，在上料点放置一个 Control Point，将其命名为"Feeding_CP"并与作为配货台的 Queue 进行 A 连接；在返空卸料点放置一个 Control Point，将其命名为"Back_CP"并与作为卸货台的 Queue 进行 A 连接。在停车点放置一个 Control Point 将其命名为"packcp"并分别与各个停车支线上的 Control Point 进行 A 连接，在连接时选择"ParkPoints"。如图 13-17 所示中的黑色方框是 Control Area，用于控制被其框住区域内 AGV 的最大数量，在这个模型中我们设置该区域的 AGV 最大数量为 1，设置方式如图 13-18 所示。

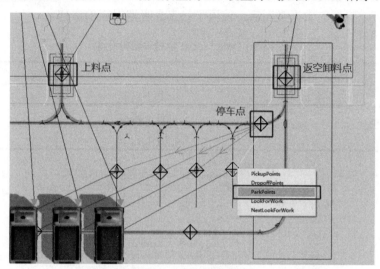

图 13-17　AGV 连接设置

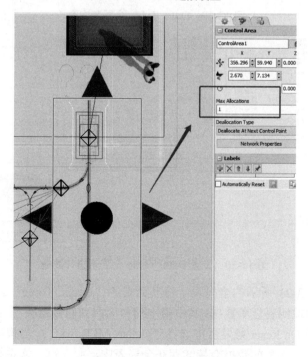

图 13-18　控制区域设置

三、建模前的准备工作

为了实现模型逻辑，我们还需要先建立一些全局表、List 和基础逻辑。

1) 全局表 Global Table

创建一个如表 13-1 所示的 Global Table，将其命名为“Data_Table”，用于存放产线数据，后三列的数据类型是 Pointer，数据如图 13-19 所示。右击该列的表头按如图 13-20 所示的方法设置即可，设置完数据类型后，使用吸管工具吸取对应的实体。

表 13-1　Data_Table 全局表结构设置

Proc_Index	工位序号
Queue	线边料架
Proc_Operator	加工操作员
Processor	加工台

	Proc_Index	Queue	Proc_Operator	Processor
Row 1	1	/Proc_Queue1	/Operator1	/Processor1
Row 2	2	/Proc_Queue2	/Operator19	/Processor2
Row 3	3	/Proc_Queue3	/Operator20	/Processor3
Row 4	4	/Proc_Queue4	/Operator22	/Processor4
Row 5	5	/Proc_Queue5	/Operator22	/Processor5
Row 6	6	/Proc_Queue6	/Operator23	/Processor6
Row 7	7	/Proc_Queue7	/Operator24	/Processor7

图 13-19　Data_Table 全局表内容

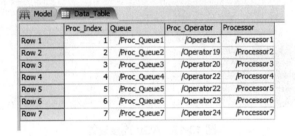

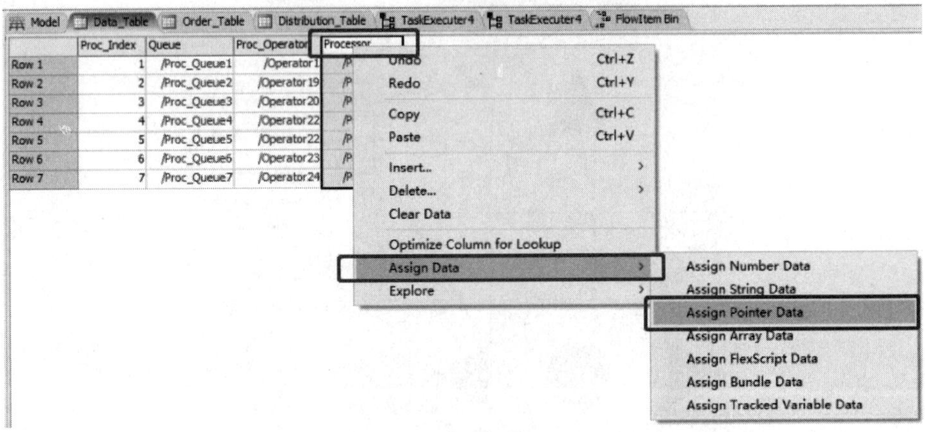

图 13-20　设置 Data_Table 全局表指针数据

创建一个如图 13-21 所示的全局表，将其命名为“Order_Table”。数据的内容解释如表 13-2 所示，用于存放叫料订单数据。其中第一列和第四列的数据类型为 Pointer。如图 13-22 所示，在该全局表的 On Reset 触发器中选择“Delete All Rows”，当模型重置时清除该表。这样设置的主要原因是模型的数据会持续存在全局表中，而在每一次系统重置后全局表能够恢复到初始状态。

表 13-2　Order_Table 全局表结构设置

Item	将要被配送的物料箱
Type	物料箱的 Type，即工位序号
Queue_Ready	默认为 0，当 Item 从货架取出被放置到配货台之后为 1
AGV	执行配送任务的 AGV，当 AGV 到达上料点后赋值

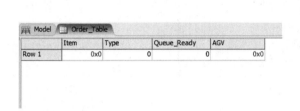

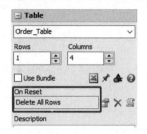

图 13-21　Order_Table 全局表内容　　　图 13-22　重置触发时清除全局表数据

创建一个如图 13-23 所示的一行四列的全局表，将其命名为"Distribution_Table"，用于存放在上料点的 AGV 的配送订单数据。它的列表头和每列的数据类型和"Order_Table"相同。如图 13-24 所示，在该全局表的触发器中选择"Clear All Cell Data"，当模型重置时清除该表中的数据。

2）全局列表 Global Lists

创建一个如图 13-25 所示的 Item List，将其命名为"Rack_ItemList"，用于存放货架中的 Item 信息。

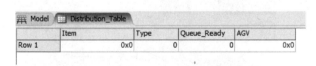

图 13-23　Distribution_Table 全局表内容　　　图 13-24　重置触发清除 Distribution_Table 数据

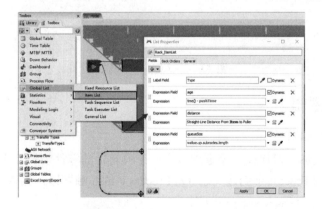

图 13-25　创建 Rack_ItemList 全局列表

如图 13-26 所示,分别在两个货架的 On Entry 触发器中,选择 Lists-Push To List,将 Item 在进入货架时推入 Rack_ItemList 中,根据 item.Type 设置 Partition ID。

图 13-26　从暂存库区推入列表

3) AGV 停车策略

AGV 空闲时需要停在停车支线,如图 13-27 所示。选择 AGV 路径,在右边的快捷属性栏中打开 Network Properties,切换到 Way Points 选项卡,添加一个新的策略,命名为"Pack",将 packcp 添加到这个策略中,并设置好各项参数。

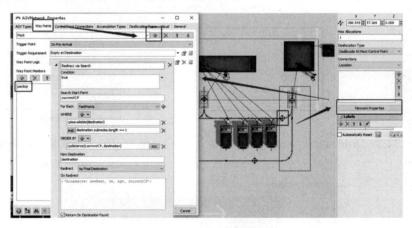

图 13-27　AGV 停车策略

四、建立模型逻辑

1) 零件消耗及叫料

每个加工台每次加工消耗掉一个零件,当一个料箱中的零件消耗完之后,会转而使用第二箱零件并叫料。为 Processor 创建一个 On Process Finish 触发器,输入代码:

```
Object current = ownerobject(c);
Object item = param(1);
```

```
Object o_Tote = current.centerObjects[2].first;//当前使用的料箱
Object o_Dispatcher = Model.find("Dispatcher1");//AGV 的任务分配器 Dispatcher
Object o_Operator_rack = Model.find("Operator_rack");
//库区的配货员 Operator_rack
o_Tote.v_parts_num -= 1;//料箱中的零件数量减一
if(o_Tote.v_parts_num == 0)
//当前料箱零件消耗完时
{
    //发送消息给 Operator_rack，消息参数 1：当前工位的序号
    senddelayedmessage(o_Operator_rack,0,current,current.v_ProcIndex);
    //开始使用第二个料箱
    o_Tote.rank = 2;
}
```

2) 配料及呼叫 AGV

Processor 叫料后，会发送消息给 Operator_rack，为 Operator_rack 创建一个 On Message 触发器，创建任务序列并分派、输入代码。

```
Object current = ownerobject(c);
Object fromObject = param(1);
Variant msgparam1 = param(2);  //消息参数 1：叫料工位的序号
Variant msgparam2 = param(3);
Variant msgparam3 = param(4);

Object destination = Model.find("Queue2");//配货台
Object o_Dispatcher = Model.find("Dispatcher1");//AGV 任务分配器

//获取工位需要的零件信息
int v_Proc_Index = msgparam1;
List list = List("Rack_ItemList");
//根据工位序号从 Rack_ItemList 中拉取符合条件的 Item(物料箱)
Object item = list.pull("ORDER BY age ASC",1,1,current,msgparam1,0);

//记录订单
Table Order_Table = Table("Order_Table");
Order_Table.addRow();
Order_Table[Order_Table.numRows][1] = item;//物料箱
Order_Table[Order_Table.numRows][2] = msgparam1;//工位序号

//分配配货任务给 Operator_rack
treenode ts = createemptytasksequence(current,0,0);
inserttask(ts,TASKTYPE_TRAVEL,item.up);//行进到货架
inserttask(ts,TASKTYPE_LOAD,item,item.up);//装载料箱
inserttask(ts,TASKTYPE_TRAVEL, destination);//行进到配货台
inserttask(ts,TASKTYPE_UNLOAD,item, destination);//卸载料箱至卸货台
dispatchtasksequence(ts);

//呼叫 AGV 前往上料点
treenode ts2 = createemptytasksequence(o_Dispatcher,0,0);
inserttask(ts2,TASKTYPE_TRAVEL,destination);//行进到上料点
inserttask(ts2,TASKTYPE_UTILIZE,NULL,NULL,STATE_UTILIZE);//占用 AGV
dispatchtasksequence(ts2);
```

在给 AGV 编写任务序列时，应在最后添加一个占用任务(TASKTYPE_UTILIZE)，这个任务的作用是让 AGV 到达上料点后维持占用状态而不会去执行别的任务，在操作员

Operator_out 将料箱卸载到 AGV 后，使用函数 freeoperators()释放 AGV。

3) 装料及配送

当 Operator_rack 将指定的料箱放到配货台且 AGV 到达上料点后，Operator_out 会将配货台上指定的料箱装载到 AGV 上。由于需要同时满足两个条件，而且这两个条件满足的先后顺序是随机的，模型逻辑要求在每满足一个条件时，判断两个条件是否都满足，如果两个条件都满足则为 Operator_out 分派任务。为了实现以上逻辑，需要在配货台、Operator_out 和 AGV 上都添加一些逻辑。

为作为配货台的 Queue 添加一个 On Entry 触发器，每当一个料箱进入配货台后，在 Order_Table 的对应行记录该订单备货完成，并判断 AGV 是否已经到达上料点。代码如下所述。

```
Object current = ownerobject(c);
Object item = param(1);
int port = param(2);
Object te = Model.find("Operator_out");
Table Order_Table = Table("Order_Table");
for(int n=1;n<=Order_Table.numRows;n++)//遍历 Order_Table
{
    if(Order_Table[n][1]==item)//寻找当前 item 对应的行
    {
        Order_Table[n][3] = 1;//记录该料箱已经配货完成
        senddelayedmessage(te,0,current,1);//发送消息给 Operator_out
        break;
    }
}
```

按图 13-28 所示，打开 AGV 路径的 Network Properties，切换到 Way Points 选项卡，添加一个新的策略，命名为"Feeding"，将 Feeding_CP 添加到这个策略中，并设置好相关参数。使 AGV 到达上料点 Feeding_CP 后触发 Way Point Logic 触发器，在 Order_Table 的对应行记录 AGV 已到达上料点，并判断指定的料箱是否已经备货完成。

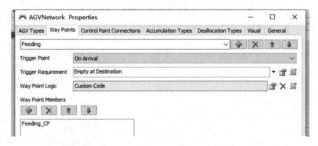

图 13-28　AGV 网络路径属性设置

Way Point Logic 触发器代码如下所述。

```
Object te = param(1);
AGV agv = AGV(te);
Object currentCP = param(2);
Object Operator = Model.find("Operator_out");
Table Order_Table = Table("Order_Table");
Order_Table[1][4] = te;//在 Order_Table 中记录 AGV 已到达上料点
senddelayedmessage(Operator,0,te,1);//发消息给 Operator_out
```

AGV 到达上料点和备料完成时，都会发送消息给 Operator_out，为 Operator_out 创建一个 On Message，用于判断是否可以为 AGV 上料，然后分派任务序列。

代码如下所述。

```
Object current = ownerobject(c);
Object fromObject = param(1);
Variant msgparam1 = param(2);
Variant msgparam2 = param(3);
Variant msgparam3 = param(4);
Table Order_Table = Table("Order_Table");
Table Distribution_Table = Table("Distribution_Table");
if(msgparam1 ==1 && current.centerObjects[1].subnodes.length>0)
{
    if(Order_Table[1][3]==1 && Order_Table[1][4] != NULL )
//配料完成且AGV到达上料点
    {
        //为Operator_out 创建上料任务
        treenode ts = createemptytasksequence(current,0,0);
        inserttask(ts,TASKTYPE_TRAVEL,current.centerObjects[1]);

inserttask(ts,TASKTYPE_LOAD,Order_Table[1][1],current.centerObjects[1]);
        inserttask(ts,TASKTYPE_TRAVEL,Order_Table[1][4]);

    inserttask(ts,TASKTYPE_UNLOAD,Order_Table[1][1],Order_Table[1][4]);
        dispatchtasksequence(ts);
        for(int n=1;n<=Distribution_Table.numCols;n++)
//将当前正在执行的订单的数据转存到Distribution_Table，并从Order_Table上删除该订单
        {
            Distribution_Table[1][n] = Order_Table[1][n];
        }
        Order_Table.deleteRow(1);
    }
}
```

Operator_out 执行完装料任务后，解除 AGV 的占用，并为 AGV 分派配送料箱的任务序列。AGV 到达线边时，会停止行进并进入占用状态。产线操作员完成当前的加工任务后应置换料箱，然后释放 AGV 返空。

为 Operator_out 添加一个 On Unload 触发器，代码如下所述。

```
Object current = ownerobject(c);
Object item = param(1);
Object station = param(2);

Table Distribution_Table = Table("Distribution_Table");
Table Data_Table = Table("Data_Table");
treenode o_AGV = Distribution_Table[1][4];
freeoperators(o_AGV,NULL);//释放AGV
treenode ts = createemptytasksequence(o_AGV,0,0);
inserttask(ts,TASKTYPE_TRAVEL,Data_Table[Distribution_Table[1][2]][2]);
//AGV 行驶至线边
inserttask(ts,TASKTYPE_MESSAGE,Data_Table[Distribution_Table[1][2]][4],
o_AGV,0,1);
//发送消息给产线工位Processor，消息参数一：1
inserttask(ts,TASKTYPE_UTILIZE,NULL,NULL,STATE_UTILIZE);
//AGV 设置为占用状态
dispatchtasksequence(ts);
```

为 Processor 添加一个 On Message 触发器，用于给操作员分派置换料箱的任务以及在操

作员置换料箱之后给 AGV 分派返空任务。代码如下所述。

```
Object current = ownerobject(c);
Object fromObject = param(1);
Variant msgparam1 = param(2);
Variant msgparam2 = param(3);
Variant msgparam3 = param(4);

if(msgparam1 == 1)
{
    //置换料箱
    current.input.close();//关闭 Processor 入口
    treenode ts = createemptytasksequence(current.centerObjects[1],0,0);
    inserttask(ts,TASKTYPE_TRAVEL,current.centerObjects[2]);
    //行进至线边料架
    inserttask(ts,TASKTYPE_LOAD,current.centerObjects[2].last,current.centerObjects[2]);
    //拿起空料箱
    inserttask(ts,TASKTYPE_TRAVEL,fromObject);
    //行进至 AGV
    inserttask(ts,TASKTYPE_UNLOAD,current.centerObjects[2].last,fromObject);
    //卸载空料箱至 AGV
    inserttask(ts,TASKTYPE_LOAD,fromObject.first,fromObject);
    //拿起新料箱
    inserttask(ts,TASKTYPE_TRAVEL,current.centerObjects[2]);
    //行进至线边料架
    inserttask(ts,TASKTYPE_UNLOAD,fromObject.first,current.centerObjects[2]);
    //卸载新料箱至线边料架
    inserttask(ts,TASKTYPE_MESSAGE,current,fromObject,0,2);
//发送消息给 Processor,消息参数一: 2
    dispatchtasksequence(ts);
}
if(msgparam1 == 2)
{
    current.input.open();//打开 Processor 入口
    freeoperators(fromObject,NULL);  //释放操作员
    //AGV 返空
    Object dest_cp = Model.find("Queue3");//卸货台
    treenode ts2 = createemptytasksequence(fromObject,0,0);
    inserttask(ts2,TASKTYPE_TRAVEL,dest_cp);
    //行进至卸货台
    inserttask(ts2,TASKTYPE_UTILIZE,NULL,NULL,STATE_UTILIZE);
    //AGV 设置为占用状态
    dispatchtasksequence(ts2);
}
```

AGV 执行返空任务,到达返空点 Back_CP 后,操作员 Operator_back 取下 AGV 上的空料箱并卸载到卸货台,之后 AGV 回到停车支线等待下一次任务。如图 13-29 所示,打开 AGV 路径的 Network Properties,切换到 Way Points 选项卡添加一个新的策略,命名为"Back",将 Back_CP 添加到这个策略中,并设置好相关参数。

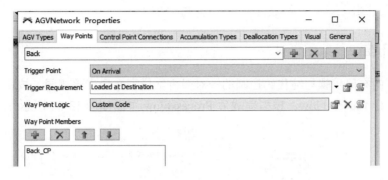

图 13-29　创建 AGV 返回路径策略

Way Point Logic 触发器代码如下所述。

```
Object te = param(1);
AGV agv = AGV(te);
Object currentCP = param(2);
Object o_Queue = Model.find("Queue3");
treenode Operator = Model.find("Operator_back");
treenode ts = createemptytasksequence(Operator,0,0);
//操作员卸下空料箱
inserttask(ts,TASKTYPE_TRAVEL,te);  //行进至 AGV
inserttask(ts,TASKTYPE_LOAD,te.first,te);  //装载空料箱
inserttask(ts,TASKTYPE_TRAVEL,o_Queue);  //行进至卸货台
inserttask(ts,TASKTYPE_MESSAGE,te,Operator,0,1);//发送消息给 AGV
inserttask(ts,TASKTYPE_UNLOAD,te.first,o_Queue);  //卸载空料箱至卸货台

dispatchtasksequence(ts);
```

为 AGV 创建一个 On Message 触发器，用于释放 AGV 并使其行进至停车支线，代码如下所述。

```
Object current = ownerobject(c);
Object fromObject = param(1);
Variant msgparam1 = param(2);
Variant msgparam2 = param(3);
Variant msgparam3 = param(4);
freeoperators(current,NULL);  //释放 AGV
treenode dest_cp = Model.find("packcp");
treenode ts = createemptytasksequence(current,0,1);
//行进至 dest_cp
inserttask(ts,TASKTYPE_TRAVEL,dest_cp);
dispatchtasksequence(ts);
```

注意：与其他任务序列不同，行进至 dest_cp 是一个仅先占(Only Preempt)的先占任务。
至此，AGV 与工位一对一配送的线边物流模型已经制作完成，保存重置并运行模型。

第三节　使用 ProcessFlow 建立线边物流模型

AGV 与工位一对一配送的线边物流模型同样可使用 ProcessFlow 制作完成，而且 ProcessFlow 模型的业务流程更加清晰且直观。本节使用 ProcessFlow 与 3D 模型结合的方式

完成该模型。

一、模型布局

当前模型的布局步骤与纯代码控制的一对一方案模型布局步骤相同，按相同的方法布局即可。创建一个 ProcessFlow，模型完成后 ProcessFlow 页面如图 13-30 所示。

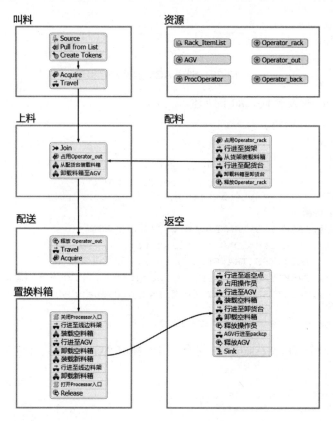

图 13-30　ProcessFlow 模型

二、建模前的准备工作

为了实现模型逻辑，本节需要建立一些组、List 和基础逻辑。

1) 组

创建一个如图 13-31 所示的 Group，将其命名为"O_ProcOperator"，并将 7 个产线上的操作员添加到组中。

2) 列表 List

与上一节模型相同，在货架的 On Entry 触发器中将 Item 推入 Rack_ItemList。

3) AGV 停车策略

在 AGV 路径的 Network Properties 中，为决策点 packcp 添加与上一个模型相同的 AGV 停车策略。

4) ProcessFlow 资源

打开之前创建的 ProcessFlow 页面，如图 13-32 所示，从 Library 中拖入一个 List，将其命名为"Rack_ItemList"，在下拉框中选择"Rack_ItemList"。拖入 5 个 Resource，根据表 13-3 设置相关参数，注意 Reference 选项的值是使用吸管工具吸取或者从下拉框中选择指定的对象而不是直接输入文本。

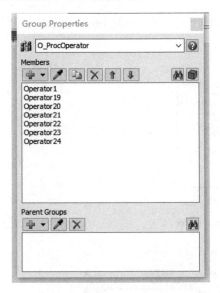

图 13-31 操作员组设置

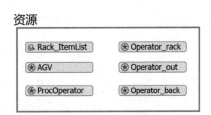

图 13-32 PF 共享资源对象

表 13-3 PF 资源

Name	Reference	Count
AGV	Dispatcher1	4
ProcOperator	Group("O_ProcOperator")	Number of Group Members
Operator_rack	Operator_rack	1.000
Operator_out	Operator_out	1.000
Operator_back	Operator_back	1.000

三、建立模型逻辑

1) 零件消耗及叫料

每个加工台每次加工消耗掉一个零件，当一个料箱中的零件消耗完之后，会转而使用第二箱零件并叫料。为 Processor 创建一个 On Process Finish 触发器，输入如下所述代码。

```
Object current = ownerobject(c);
Object item = param(1);
Object o_Tote = current.centerObjects[2].first;
Object o_Dispatcher = Model.find("Dispatcher1");
o_Tote.v_parts_num -= 1;//
if(o_Tote.v_parts_num == 0)
//第一箱零件消耗完
{
```

```
        //发送消息给 Dispatcher，消息的发出者：线边料架，消息参数一：工位序号
        senddelayedmessage(o_Dispatcher,0,current.centerObjects[2],current.v
_ProcIndex);
        //使用第二箱零件
        o_Tote.rank = 2;
}
```

2) 叫料 PF

如图 13-33 所示，从 Library 中拖入这些块以实现叫料流程。如图 13-34 所示，设置各个活动的参数。

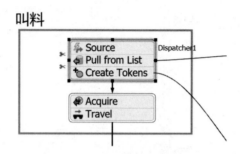

图 13-33 叫料 ProcessFlow

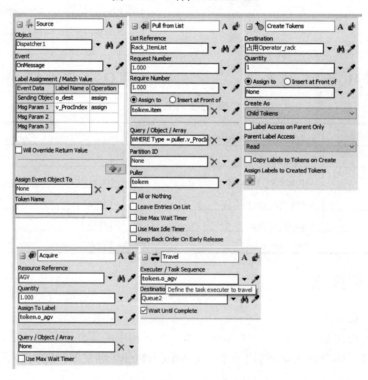

图 13-34 叫料 PF 参数设置

Source：监听 AGV 任务分配器 Dispatcher 的 On Message 触发器，在 Dispatcher 收到来自 Processor 的叫料信息时，产生一个 token。为 token 创建标签"o_dest"，标签值为发送消息的实体，即线边料架；"v_ProcIndex"，标签值为叫料工位的序号。

Pull from List：根据 token.v_ProcIndex 从 Rack_ItemList 中拉出符合条件的 Item，在

Query/Object/Array 选项卡中输入 SQL 语句"WHERE Type = puller.v_ProcIndex"。将拉出的 Item 赋值给 token.item。

Create Tokens：这个活动产生一个 token，用于同时实现配料和呼叫 AGV。

Acquire：这个活动用于占用一个 AGV，Resource Reference 选项中选择资源中的"AGV"，将占用的 AGV 赋值给 token.o_agv。

Travel：AGV 行进至上料点。

3) 配料

如图 13-35 所示，从 Library 中拖入这些活动块以实现配料流程。将叫料中的"Create Tokens"活动连接到配料中的"占用 Operator_rack"活动。如图 13-36 所示，设置各个活动的参数。

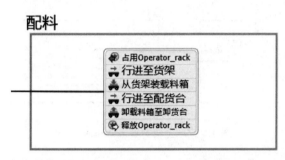

图 13-35 配料 ProcessFlow

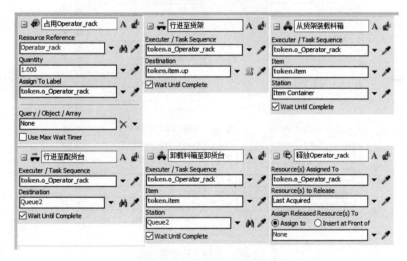

图 13-36 配料 PF 参数设置

占用 Operator_rack：占用配料操作员 Operator_rack，Resource Reference 选项中选择资源中的"Operator_rack"，将占用的操作员赋值给 token.o_Operator_rack。

行进至货架：Destination 选项中"token.item.up"指的是从 Rack_ItemList 中拉出的 Item 的父节点，即物料箱所在的货架。

行进至配货台：Destination 选项中"Queue2"指的是配货台，使用吸管工具在 3D 界面中直接吸取该实体。

4) 上料

如图 13-37 所示，从 Library 中拖入这些活动块以实现上料流程。将叫料中的"Travel"活动和配料中的"释放 Operator_rack"活动分别连接到上料中的"Join"活动，以实现 AGV 到达上料点且配料完成后执行上料流程。如图 13-38 所示，设置各个活动的参数。

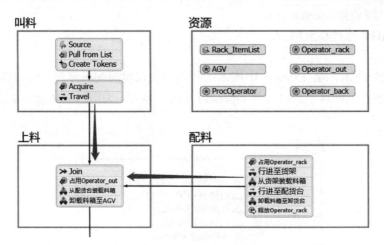

图 13-37　上料 ProcessFlow

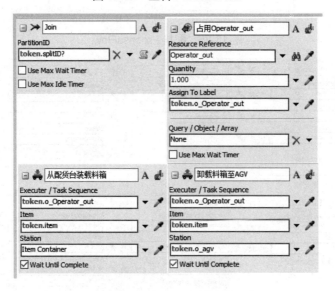

图 13-38　上料 PF 参数设置

占用 Operator_out：占用上料操作员，在 Resource Reference 选项中选择资源中的"Operator_out"，将占用的操作员赋值给 token.o_Operator_out。

5) 配送

如图 13-39 所示，从 Library 中拖入这些活动块以实现配送流程。将上料中的"卸载料箱至 AGV"活动连接到配送中的"释放 Operator_out"活动。如图 13-40 所示，设置各个活动的参数。

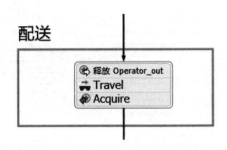

图 13-39　配送 ProcessFlow

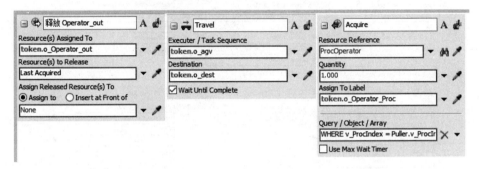

图 13-40　配送 PF 参数设置

Acquire：占用产线操作员，在 Resource Reference 选项中选择资源中的"ProcOperator"，将占用的操作员赋值给"token.o_Operator_Proc"。

6）置换料箱

如图 13-41 所示，从 Library 中拖入这些活动块以实现置换料箱流程。将配送中的"Acquire"活动连接到置换料箱中的"关闭 Processor 入口"活动。如图 13-42 所示，设置各个活动的参数。

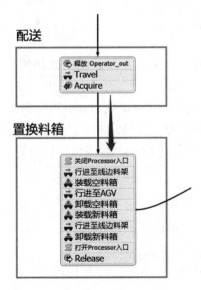

图 13-41　置换料箱 ProcessFlow

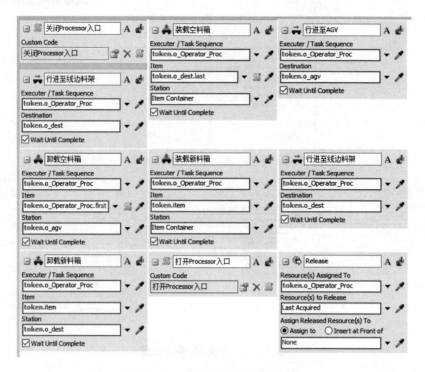

图 13-42 置换料箱 PF 参数设置

关闭 Processor 入口：用于关闭 Processor 入口，代码如下所述。

```
/**关闭 Processor 入口*/
Object current = param(1);
treenode activity = param(2);
Token token = param(3);
treenode processFlow = ownerobject(activity);
Object o_queue= token.o_dest;
Object o_Proc = o_queue.centerObjects[1];
o_Proc.input.close();
```

装载空料箱：Item 选项中的"token.o_dest.last"，指的是线边料架中的最后一个子节点，即空料箱。

卸载空料箱：Item 选项中的"token.o_Operator_Proc.first"，指的是操作员的第一个子节点，此时空料箱已经被操作员装载，是操作员的第一个子节点。

打开 Processor 入口：用于打开 Processor 入口，代码如下所述。

```
/**打开 Processor 入口*/
Object current = param(1);
treenode activity = param(2);
Token token = param(3);
treenode processFlow = ownerobject(activity);

Object o_queue= token.o_dest;
Object o_Proc = o_queue.centerObjects[1];
o_Proc.input.open();
```

7）返空

如图 13-43 所示，从 Library 中拖入这些活动块以实现返空流程。将置换料箱中的"Release"

活动连接到返空中的"行进至返空点"活动。如图13-44所示，设置各个活动的参数。

行进至返空点：Destination 选项中的"Queue3"指的是配货台，使用吸管工具在3D界面中可直接吸取该实体。

占用操作员：占用返空操作员 Operator_back，Resource Reference 选项中选择资源中的"Operator_back"，将占用的操作员赋值给"token.o_Operator_back"。

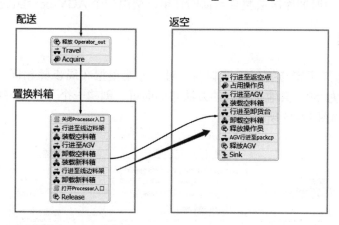

图 13-43　返空 ProcessFlow

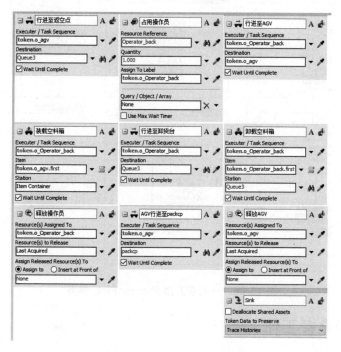

图 13-44　返空 PF 参数设置

AGV 行进至 packcp：Destination 选项中的"packcp"指的是 AGV 路径中的决策点 packcp，使用吸管工具在3D界面中可直接吸取该实体。

至此，使用 ProcessFlow 建立的 AGV 与工位一对一配送的线边物流模型已经制作完成，保存、重置并运行模型。

第四节 线边物流建模(一对多方案)

当工位节拍较慢时,可以采用一对多的配送形式,线边操作员叫料后,叫料订单会先储存起来,每间隔一段时间库区会整合当前的订单,交由一个 AGV 统一配送。

一、模型布局

当前模型的布局步骤与纯代码控制的一对一方案模型布局步骤相同,将 Processor 的 ProcessTime 设置为 50,其他按相同的方法布局即可。创建一个 ProcessFlow,模型完成后 ProcessFlow 页面如图 13-45 所示。

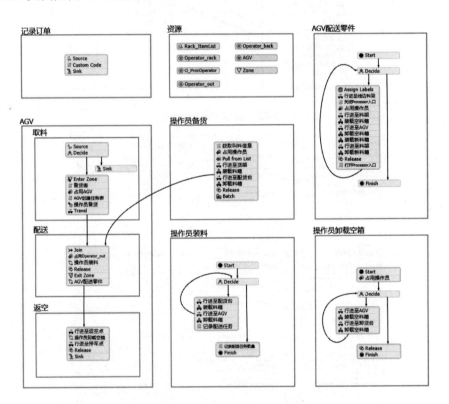

图 13-45 一对多方案 ProcessFlow 模型

二、建模前的准备工作

用与上一个模型相同的步骤分别创建,组:"O_ProcOperator"、List:"Rack_ItemList"和 AGV 路径决策点 packcp 的停车策略。如图 13-46 所示,创建三个两列的全局表,分别命名为"Dis_Table""Picking_Table""OrderTable",第一列数据类型为默认,第二列的数据类型为 Pointer。分别在三个全局表的 On Reset 触发器中选择"Delete All Rows",用于在重置时删除全局表中的数据。

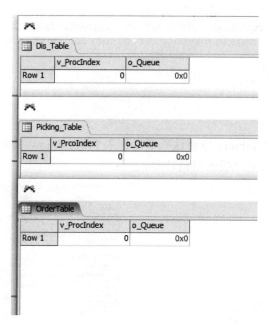

图 13-46 全局表设置

ProcessFlow 资源：

打开之前创建的 ProcessFlow 页面。如图 13-47 所示，创建与上一个模型相同的 List 和 Resource，并拖入一个 Zone。如图 13-48 所示，勾选"Use Max Content"并设置容量为"1"。

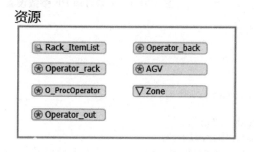

图 13-47 共享资源设置

图 13-48 区域容量设置

三、建立模型逻辑

1) 零件消耗及叫料

每个加工台每次加工消耗掉一个零件，当一个料箱中的零件消耗完之后，会转而使用第二箱零件并叫料。为 Processor 创建一个 On Process Finish 触发器，输入代码如下所述。

```
Object current = ownerobject(c);
Object item = param(1);
Object o_Tote = current.centerObjects[2].first;
Object o_Dispatcher = Model.find("Dispatcher1");
o_Tote.v_parts_num -= 1;//
if(o_Tote.v_parts_num == 0)
//第一箱零件消耗完
```

```
{
    //发送消息给Dispatcher,消息的发出者:线边料架,消息参数一:工位序号
    senddelayedmessage(o_Dispatcher,0,current.centerObjects[2],current.v
_ProcIndex);
    //使用第二箱零件
    o_Tote.rank = 2;
}
```

2) 记录订单

如图 13-49 所示,从 Library 中将这些活动拖入 ProcessFlow 页面中。如图 13-50 所示,设置相关参数,用于记录生产线的叫料订单。

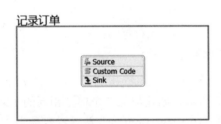

图 13-49 记录订单 ProcessFlow

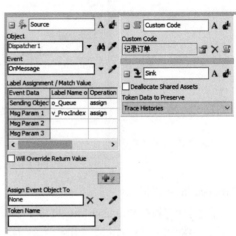

图 13-50 记录订单 PF 参数设置

Custom Code 活动中自定义代码如下所述。

```
Object current = param(1);
treenode activity = param(2);
Token token = param(3);
treenode processFlow = ownerobject(activity);

Table OrderTable = Table("OrderTable");
OrderTable.addRow();//在OrderTable中新添加一行
OrderTable[OrderTable.numRows][1] = token.v_ProcIndex;//工位序号
OrderTable[OrderTable.numRows][2] = token.o_Queue;//叫料工位对应的线边料架
```

3) AGV 上料

如图 13-51 所示,从 Library 中将以下活动拖入 Process Flow 页面中。如图 13-52 所示,设置相关参数,实现 AGV 定期整合叫料订单并上料的流程。

Source:每 600 秒产生一个 token,即每 600 秒整合一次叫料订单。

Decide:用于判断当前是否有配送需求,如果有需求则整合订单,token 流入"Enter zone"。如果没有需求的话,则不执行任何流程,token 直接流入 Sink。在"Send Token To"选项卡中输入自定义代码,代码如下所述。

```
/**判断是否有订单*/
Object current = param(1);
treenode activity = param(2);
Token token = param(3);
```

```
treenode processFlow = ownerobject(activity);

Table t_Order = Table("OrderTable");
if(t_Order.numRows > 0)//如果表格 t_Order 的行数大于 0，即存在订单
{
    return 1;
}
return 2;
```

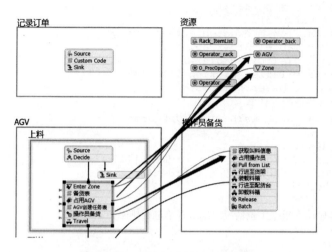

图 13-51　AGV 上料 ProcessFlow

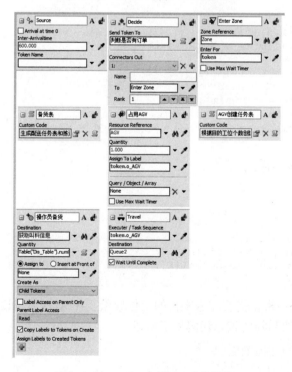

图 13-52　AGV 上料 PF 参数设置

Enter Zone：连接到资源中的"Zone"，用于控制上料和配送流程中 token 的数量不超过 1，即同时执行这部分流程的 AGV 最多只有一个，这样可以避免一台 AGV 装货未完成时，

下一台 AGV 就开始整合订单而造成错误结果。

备货表：读取 OrderTable 并将表中的数据转移到 Dis_Table，然后根据工位序号进行排序，使 Dis_Table 中的目的线标料架的顺序与生产线相同。最后将 Dis_Table 中的数据复制到 t_Picking，用于 Operator_rack 配货。代码如下所述。

```
/**生成配送任务表和拣选任务表并排序*/
Object current = param(1);
treenode activity = param(2);
Token token = param(3);
treenode processFlow = ownerobject(activity);
Table t_Order = Table("OrderTable");
Table t_Dis = Table("Dis_Table");
Table t_Picking = Table("Picking_Table");
int v_NumRows = t_Order.numRows;
//读取叫料订单并生成配送订单
for(int n=1;n<=v_NumRows;n++)//遍历 t_Order
{
    t_Dis.addRow();
    t_Dis[t_Dis.numRows][1] = t_Order[1][1];
    t_Dis[t_Dis.numRows][2] = t_Order[1][2];
    t_Order.deleteRow(1);
}
//使用"选择排序法"根据工位情况对配送订单进行排序
int MinIndex = 0;
int temp = 0;
for(int n=1;n<=v_NumRows-1;n++)
{
    int k = n;
    temp = t_Dis[n][1];
    for(int m=n+1;m <= v_NumRows;m++)
    {
        if(temp > t_Dis[m][1])
        {
            temp = t_Dis[m][1];
            k = m;
            MinIndex = k;
        }
    }
    t_Dis.moveRow(k,n);
}
//生成拣选任务表
for(int n=1;n<=v_NumRows;n++)
{
    t_Picking.addRow();
    t_Picking[n][1] = t_Dis[n][1];
    t_Picking[n][2] = t_Dis[n][2];
}
```

AGV 创建任务表：根据需要配送零件的工位数量，在 AGV 上创建数组，用于在装货完成后记录目的线标料架和物料箱。代码如下所述。

```
/**根据目的工位个数创建数组*/
Object current = param(1);
treenode activity = param(2);
Token token = param(3);
treenode processFlow = ownerobject(activity);
Object o_AGV = token.o_AGV;
```

```
//创建数组 v_Des，容量为需要配送零件的工位数量
Array v_Des = Array(Table("Dis_Table").numRows);
o_AGV.v_Des = v_Des;//目的地
//创建数组 v_Cont，容量为需要配送零件的工位数量
Array v_Cont = Array(Table("Dis_Table").numRows);
o_AGV.v_Cont = v_Cont;//item
```

操作员备货：根据需要配送零件的工位数量，创建 token。

Travel：AGV 行进至上料点。

4) 操作员备货

如图 13-53 所示，从 Library 中将这些活动拖入 Process Flow 页面中。将"上料"活动块中的"操作员备货"连接到活动"获取叫料信息"。如图 13-54 所示，设置相关参数，实现操作员备货的流程。

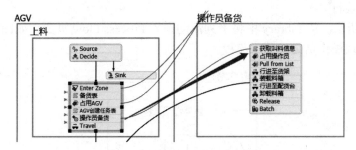

图 13-53　操作员备货 ProcessFlow

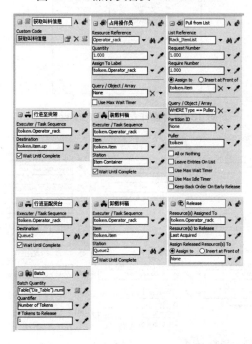

图 13-54　操作员备货 PF 参数设置

获取叫料信息：获取配货任务的目标工位序号和线边料架并从 t_Picking 中删除该任务，代码如下所述。

```
/**获取叫料信息*/
```

```
Object current = param(1);
treenode activity = param(2);
Token token = param(3);
treenode processFlow = ownerobject(activity);

Table t_Picking = Table("Picking_Table");
token.v_ProcIndex = t_Picking[1][1];
token.o_Queue = t_Picking[1][2];
t_Picking.deleteRow(1);//删除被获取的配货任务信息
```

Pull from List：从 Rack_ItemList 中拉出符合条件的 item，并赋值给 token.item，Query/Object/Array 选项中的搜索语句为"WHERE Type == Puller.v_ProcIndex ORDER BY age ASC"。

Batch：搜集所有上料活动块中"操作员备货"活动创建的 token 并整合为一个。

5) 操作员装料

如图 13-55 所示，从 Library 中将下列活动拖入 Process Flow 页面。如图 13-56 所示，设置相关参数，实现操作员装料的子流程。

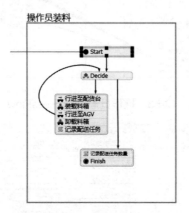

图 13-55　操作员装料 ProcessFlow

图 13-56　操作员装料 PF 参数设置

Decide：操作员配货的子流程是内循环的，token 从活动"记录配送任务"流出后还会回到活动 Decide，在活动 Decide 中判断是否还有配货任务，当配货任务全部完成后，token 流向活动"记录配送任务数量"，然后结束当前子任务。Send Token To 选项中自定义代码如下所述。

```
Object current = param(1);
treenode activity = param(2);
Token token = param(3);
treenode processFlow = ownerobject(activity);

treenode o_Queue = Model.find("Queue2");
if(o_Queue.subnodes.length == 0)
{
    return 1;
}
else
{
    return 2;
}
```

记录配送任务：操作员完成一次配货任务后，会将这个零件箱记录到 AGV 的标签中，自定义代码如下所述。

```
/**在AGV上记录配送任务列表*/
Object current = param(1);
treenode activity = param(2);
Token token = param(3);
treenode processFlow = ownerobject(activity);
Table t_Dis = Table("Dis_Table");
Object o_AGV = token.o_AGV;
Object item = o_AGV.last;
//根据item.Type查询其目的工位在t_Dis中的排序
int v_Index = 0;
for(int n=1;n<=t_Dis.numRows;n++)
{
    if(item.Type == t_Dis[n][1])
    {
        v_Index = n;
        break;
    }
}
o_AGV.v_Cont[v_Index] = item;  //零件箱
o_AGV.v_Des[v_Index] = t_Dis[v_Index][2];  //线边料架
```

记录配送任务数量：完成所有配货任务后，需要清空 Dis_Table 并在 AGV 上记录它的配送任务数量。自定义代码如下所述。

```
/**清空Dis_Table并记录当前AGV的任务数量*/
Object current = param(1);
treenode activity = param(2);
Token token = param(3);
treenode processFlow = ownerobject(activity);
Object o_AGV = token.o_AGV;
o_AGV.TaskNums = Table("Dis_Table").numRows;//任务数量
o_AGV.TaskIndex = 1;//初始化当前执行的任务序号
Table("Dis_Table").setSize(0,Table("Dis_Table").numCols);//清空Dis_Table
```

6) AGV 配送零件子流程

如图 13-57 所示，从 Library 中将这些活动拖入 ProcessFlow 页面中。如图 13-58 所示，设置相关参数，实现 AGV 配送零件的子流程。

图 13-57　AGV 配送零件 Sub ProcessFlow

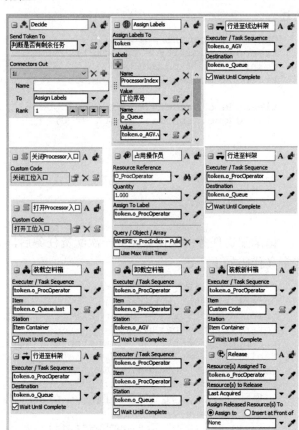

图 13-58　AGV 配送零件 Sub PF 参数设置

Decide：AGV 配送零件的子流程是内循环的，token 从活动"打开 Processor 入口"流出后还会回到活动 Decide，在活动 Decide 中判断是否还有零件箱需要配送，当配送任务全部完成后，token 流向活动"Finish"结束当前子任务。Send Token To 选项中自定义代码如下所述。

```
/**判断是否有剩余任务*/
Object current = param(1);
treenode activity = param(2);
Token token = param(3);
treenode processFlow = ownerobject(activity);
if(token.o_AGV.TaskIndex > token.o_AGV.TaskNums)
{
    return 2;
}
return 1;
```

Assign Labels：为 token 创建一些标签用于实现逻辑。

ProcessorIndex：当前配送任务对应工位的工位序号，Value 选项中自定义代码如下所述。

```
/**工位序号*/
```

```
Object current = param(1);
treenode activity = param(2);
Token token = param(3);
Variant assignTo = param(4);
string labelName = param(5);
treenode processFlow = ownerobject(activity);

Object item = token.o_AGV.v_Cont[token.o_AGV.TaskIndex];
return item.Type;
```

O_Queue：当前配送任务对应的线边料架，Value 选项中直接输入语句：token.o_AGV.v_Des[token.o_AGV.TaskIndex]。

o_Processor：当前配送任务对应的工位，Value 选项中自定义代码如下所述。

```
/**加工工位*/
Object current = param(1);
treenode activity = param(2);
Token token = param(3);
Variant assignTo = param(4);
string labelName = param(5);
treenode processFlow = ownerobject(activity);

Object o_Queue = token.o_Queue;
return o_Queue.centerObjects[1];
```

关闭 Processor 入口：自定义代码如下所述。

```
/**关闭工位入口*/
Object current = param(1);
treenode activity = param(2);
Token token = param(3);
treenode processFlow = ownerobject(activity);

Object o_Processor = token.o_Processor;
o_Processor.input.close();
```

占用操作员：根据在 Assign Labels 创建的标签"ProcessorIndex"占用对应工位上的操作员，并赋值给 token.o_ProcOperator。Query/Object/Array 中查询语句如下："WHERE v_ProcIndex = Puller.ProcessorIndex"。

打开 Processor 入口：自定义代码如下所述。

```
/**打开工位入口*/
Object current = param(1);
treenode activity = param(2);
Token token = param(3);
treenode processFlow = ownerobject(activity);

token.o_AGV.TaskIndex += 1;//任务序号加一
Object o_Processor = token.o_Processor;
o_Processor.input.open();
```

7) AGV 配送

如图 13-59 所示，从 Library 中这些活动拖入 ProcessFlow 页面中。如图 13-60 所示，设置相关参数，实现配送流程。将上料流程框中的"Travel"活动作为 1 号连接到活动"Join"，操作员备货流程框中的"Batch"作为 2 号连接到活动"Join"。将活动"操作员装料"连接到流程框"操作员装料"中的"Start",活动"AGV 配送零件"连接到流程框"AGV 配送零件"。

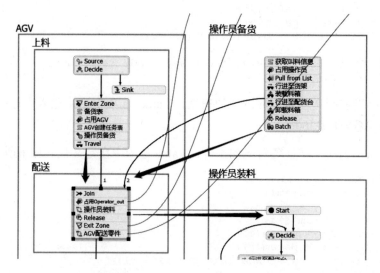

图 13-59　AGV 配送 ProcessFlow

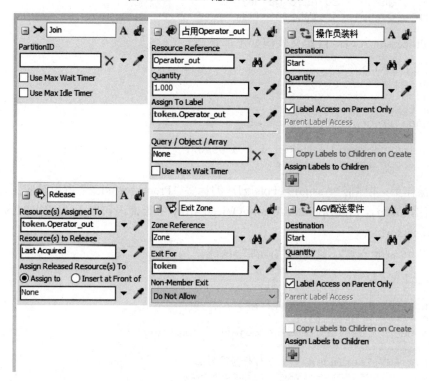

图 13-60　AGV 配送 PF 参数设置

8) 操作员卸载空料箱

如图 13-61 所示,从 Library 中将这些活动拖入 ProcessFlow 页面中。如图 13-62 所示,设置相关参数,实现操作员卸载空料箱的子流程。

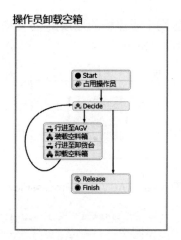

图 13-61 卸载空箱 ProcessFlow

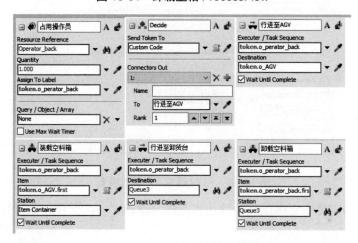

图 13-62 卸载空箱 PF 参数设置

Decide：操作员卸载空箱的子流程是内循环的，token 从活动"卸载空料箱"流出后还会回到活动 Decide 中，在活动 Decide 中判断是否还有空箱需要卸载，当卸载任务全部完成后，token 流向活动"Finish"结束当前子任务。Send Token To 选项中自定义代码如下所述。

```
Object current = param(1);
treenode activity = param(2);
Token token = param(3);
treenode processFlow = ownerobject(activity);

Object o_AGV = token.o_AGV;
if(o_AGV.subnodes.length == 0)//如果没有空料箱了
{
    return 2;
}
return 1;
```

9) AGV 返空

如图 13-63 所示，从 Library 中将这些活动拖入 ProcessFlow 页面中。如图 13-64 所示，设置相关参数，实现 AGV 返空流程。将流程框"配送"中的活动"AGV 配送零件"连接到活动"行进至返空点"(注意：区别于子流程的连接)，将活动"操作员卸载空箱"连接到流程框"操作员卸载空箱"中的活动"Start"。

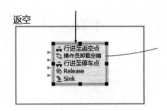

图 13-63 AGV 返空 ProcessFlow

图 13-64 AGV 返空 PF 参数设置

至此，AGV 与工位一对多配送的线边物流模型设计完成，保存、重置并运行模型。

总结与思考

在线边物流中，一对一模式适用于节拍较快的场景，但是 AGV 利用率较低。一对多模式下节拍较慢，但是 AGV 利用率高。为解决这一问题，丰田汽车公司又率先提出了 SPS(Set Parts System)成套零件供应模式，进一步优化了生产线的零部件供应方式，取消了线边料架，实现了物料供应和待装配对象的同步化，进而实现了操作人员的"身边化供应"。对于这一新型的线边物流系统，读者可以自行尝试进行仿真实验。

微课视频

扫一扫获取本章相关微课视频。

13-2 线边物流.mp4　　　　13-3 线边物流-PF.mp4

参 考 文 献

[1] FlexSim 用户手册. https://docs.flexsim.com/en/20.2/.

[2] John J. BARTHOLDI, III, Steven T. HACKMAN, Warehouse & Distribution Science. Revised August 16, 2019. https://www.warehouse-science.com/book/editions/wh-sci-0.98.1.pdf.

参考文献

[1] Flesch H. 狂想曲. http://baike.baidu.com/view/872.

[2] John BARTHOLD, Jr., Steven L. HEPPELMANN. Windcheater's Ejaculation Science: Revised Volume 6. 2016 oreos-News Weekly magazine.tadmin.com Oilseas wheat 0.934.pdf.